**Antonia Pfister**

# Entwicklung sozial-emotionaler Kompetenzen

Antonia Pfister

# Entwicklung sozial-emotionaler Kompetenzen

## Einflüsse durch Partizipationsmöglichkeiten in Kindertageseinrichtungen

Trainerverlag

**Imprint**



Cover image: www.ingimage.com

Publisher:
Der Trainerverlag
is a trademark of
International Book Market Service Ltd., member of OmniScriptum Publishing Group
17 Meldrum Street, Beau Bassin 71504, Mauritius
Printed at: see last page
**ISBN: 978-620-0-76968-8**

# Inhaltsverzeichnis

## Abkürzungsverzeichnis

| | |
|---|---|
| ASK | Konzept der affektiven sozialen Kompetenz |
| BMFSFJ | Bundesministerium für Familie, Senioren, Frauen und Jugend |
| BJK | Bundesjugendkuratorium |
| BJW | Senatsverwaltung für Bildung, Jugend und Wissenschaft |
| bzw. | beziehungsweise |
| ebd. | ebenda |
| KM | Ministerium für Kultus, Jugend und Sport Baden-Württemberg |
| KRK | UN-Kinderrechtskonvention |
| SGB VIII | achtes Sozialgesetzbuch |
| u.a. | unter anderem |
| z.B. | zum Beispiel |
| zit. in | zitiert in |

## Abbildungsverzeichnis

# 1 Einleitung

Pädagoginnen und Pädagogen ist schon seit Comenius (1592-1670) bekannt, dass die frühe Kindheit, welche die ersten sechs Lebensjahre umfasst, als die lernintensivste Zeit im Leben des Menschen gilt (Textor 2007: 76f.). Dabei ist die Kindertageseinrichtung in Deutschland für die meisten Kinder die erste öffentliche Bildungseinrichtung. Das Statistische Bundesamt (2016: 119) konnte ermitteln, dass in Deutschland im Jahr 2016 etwa 95% der drei- bis sechsjährigen Kinder, in Baden-Württemberg knapp 94% eine Kindertageseinrichtung besucht haben. In vorliegender Arbeit meint der Begriff Kindertageseinrichtungen Tageseinrichtungen zur Bildung, Erziehung und Betreuung von Kindern in den ersten sechs Lebensjahren. Zu diesen Einrichtungen zählen dementsprechend die Kinderkrippe, Kindergärten, Kindertagesstätten, Kinderhorte oder Kinderhäuser.

Eben beschriebener Sachverhalt fordert pädagogische Fachkräfte zunehmend dazu auf, Bildungsprozesse des Kindes bereits in dieser Zeit vorzubereiten, zu begleiten und zu unterstützen, um dem Kind optimale Voraussetzungen für seine weitere Entwicklung mitzugeben. Wirft man einen Blick auf unterschiedliche Bildungs- und Orientierungspläne oder Bildungsempfehlungen der einzelnen Bundesländer, zeigt sich die Vielfalt der Bildungs- und Entwicklungsfelder für das Kind im frühpädagogischen Bereich, die von Seiten der pädagogischen Fachkräfte zu unterstützen sind.

In der Praxisstelle des fünften Semesters, in einem Schulkindergarten für Kinder mit Sprachbehinderung, ist mir durch Beobachtungen Folgendes besonders aufgefallen. In einer der beiden Stammgruppen, in der ich die meiste Zeit meines Einsatzes verbracht habe, war auffällig, dass die pädagogische Fachkraft jeden Schritt im Kindergartenalltag vorgeplant hatte und den Kindern dabei jeweils bestimmte Aufgaben zuteilte. So entschied sie beispielsweise, welches Kind im Morgenkreis die verschiedenen Punkte bearbeiten sollte, während die anderen Kinder still zusehen sollten.

Auch bei den gemeinsamen Mahlzeiten wies sie jedem Kind einen Platz und, oftmals ohne Erklärung zum Verständnis, eine bestimmte Aufgabe zu. Dies führte zu großer Unruhe und Unsicherheit unter den Kindern. Weil diese meist in Rangeleien der Kinder endeten, beunruhigte dies wiederum die pädagogische Fachkraft. Ihre logische Konsequenz daraus war, den Kindern noch mehr Regeln und Zuteilungen zu geben oder das von ihr nicht gewünschte Verhalten zu bestrafen, um einen für sich ruhigen Morgenkreis oder ein ruhiges Frühstück durchführen zu können. Das gewünschte Ergebnis, ein friedliches Miteinander, blieb meistens allerdings aus.
Hin und wieder ergab sich in der Praxiseinrichtung auch die Gelegenheit, die zweite Stammgruppe zu erleben. Schnell wurde ein ganz anderes Konzept der Gruppenleitung dieser Gruppe deutlich. Im Morgenkreis beispielsweise wurden alle Kinder beteiligt, man entschied gemeinsam, was gesungen, gespielt oder besprochen werden sollte. Wenn es Unstimmigkeiten gab, dann wurde versucht, darüber zu sprechen anstatt ein scheinbar negatives Verhalten der Kinder mit Regeln, die von Erwachsenen entschieden worden waren, zu unterbinden. Bei Missachtung gemeinsam aus- gehandelter Vereinbarungen folgten Konsequenzen.
Auf Grundlage dieser Beobachtungen waren Kerninhalte meines Praxisprojekts in dem Schulkindergarten sozial-emotionale Kompetenzen. Wie wichtig die begleitende Unterstützung der Entwicklung dieser Kompetenzen ist, zeigt beispielsweise das Bildungs- und Entwicklungsfeld *Gefühl und Mitgefühl* im Bildungs- und Orientierungsplan Baden-Württemberg (Ministerium für Kultus, Jugend und Sport Baden-Württemberg [KM] 2011: 157–163). Das achte Sozialgesetzbuch (SGB VIII) bildet dabei die rechtliche Grundlage, wenn es in § 22 Abs. 2 heißt, dass „die Entwicklung des Kindes zu einer eigenverantwortlichen und gemeinschaftsfähigen Persönlichkeit“ von Seiten der Kindertageseinrichtung zu unterstützen ist. Dazu gehören auch die soziale und die emotionale Entwicklung (§ 22 Abs. 3

SGB VIII). Auch die Verpflichtung zu Beteiligung[1] der Kinder ist gesetzlich verankert. § 8 Abs. 1 SGB VIII schreibt beispielsweise, dass „Kinder [...] entsprechend ihrem Entwicklungs- stand an allen sie betreffenden Entscheidungen" zu beteiligen sind. Art. 12 und 13 der UN-Kinderrechtskonvention (KRK) verweisen ebenfalls deutlich auf das Recht des Kindes auf Beteiligung in für sie relevanten Prozessen. Die Verankerung dieser rechtlichen Grundlagen in der Konzeption der jeweiligen Kindertageseinrichtung trägt dazu bei, das Kind und dessen Bedürfnisse in den Fokus zu nehmen und seine Rechte wahren zu können (§ 45 SGB VIII).

Ausgehend von diesen rechtlichen Grundlagen, bereits erarbeitetem, theoretischem Wissen, persönlichen Erfahrungen und den Beobachtungen in der Praxisstelle wurde mir zunächst deutlich, dass Beteiligung, wenig Beteiligung oder keine Beteiligung der Kinder Auswirkung auf deren sichtbares Verhalten hat. In der Literatur lässt sich zwar nachlesen, dass sich Beteiligungsmöglichkeiten positiv auf die Entwicklung sozial-emotionaler Kompetenzen auswirken (unter anderem [u.a.] Wolff 2016: 1061), jedoch werden genauere Zusammenhänge nicht beschrieben. So ergab sich daraus die Frage, ob und auf welche Art und Weise Partizipationsmöglichkeiten Einfluss auf die Entwicklung der sozial-emotionalen Kompetenz des Kindes nehmen können. Die Beantwortung dieser Frage bedarf mehrerer Teilschritte, aus denen sich der Aufbau der vorliegenden Arbeit ergibt. Weil Partizipationsprozesse und die Entwicklung sozial-emotionalen Kompetenzen als Bildungsziele und Bildungsprozesse des Kindes zu verstehen sind, soll zuerst der Bildungsbegriff und die Rolle des Kindes darin erarbeitet und definiert werden. Dieses Verständnis bildet die Grundlage für die folgen- den Themenfelder und die Bearbeitung der Fragestellung.

Daran anschließend wird der Text das Themenfeld der sozial-emotionalen Kompetenz bearbeiten. Hierzu beschäftigt sich vorliegende Arbeit zunächst mit dem Kompetenzbegriff im Allgemeinen, um daran anschließend

[1] In vorliegender Arbeit werden die Begriffe *Partizipation* und *Beteiligung* synonym verwendet.

die soziale und die emotionale Kompetenz im Besonderen zu betrachten. Nach einer ersten Bestimmung des Begriffs soziale Kompetenz sollen anerkannte Konzepte erläutert, miteinander verglichen und hinsichtlich des definierten Bildes vom Kind in seinen Bildungsprozessen betrachtet werden. Dieselbe Vorgehensweise soll daran anknüpfend auf den Terminus der emotionalen Kompetenz angewandt werden. Zum Abschluss dieses Themenfeldes werden Zusammenhänge zwischen sozialer und emotionaler Kompetenz und deren Bedeutung für das Kind aufgezeigt.
Im Anschluss widmet sich die Arbeit dem Themenfeld Partizipation in Kindertageseinrichtungen. Hier wird zunächst eine Annäherung an den Begriff Partizipation vorgenommen, um anschließend auf Beteiligungsformen in Kindertageseinrichtungen einzugehen. Darauf folgend soll der Frage nachgegangen werden, welche Bedeutung Partizipationsprozesse in den Bildungsprozessen des Kindes in der Kindertageseinrichtung haben können.
Auf Grundlage dieser Überlegungen und Teilergebnisse soll herausgearbeitet werden, ob und auf welche Art und Weise Partizipationsmöglichkeiten tatsächlich Einfluss auf die Entwicklung der sozial-emotionalen Kompetenz des Kindes nehmen können. Weil die Entwicklung sozial-emotionaler Kompetenzen und Partizipation zu zentralen Bildungszielen in Kindertageseinrichtungen geworden sind, ist es nach Beantwortung dieser Frage für tätige Pädagoginnen und Pädagogen außerdem interessant dem Gedanken nachzugehen, ob und wie sie diese Zusammenhänge unterstützen und somit zu einer positiven Entwicklung des Kindes beitragen können.
Abschluss der Arbeit bildet ein persönliches Fazit der Verfasserin. Da vorliegende Arbeit im Rahmen des Studiengangs *Inklusive Pädagogik und Heilpädagogik* absolviert wurde, sollen hier noch einmal einige Bezüge zum Arbeitsfeld der Heilpädagoginnen und Heilpädagogen aufgezeigt werden.

## 2 Das Bild vom Kind und seine Rolle in Bildungsprozessen

Bevor die Begriffe soziale Kompetenz, emotionale Kompetenz, Partizipation und deren Zusammenhänge genauer betrachtet werden können, soll ein grundlegendes Verständnis des Bildes vom Kind und seiner Rolle in Bildungsprozessen definiert werden. Dieses wird die grundsätzliche Haltung gegenüber dem Kind und der pädagogischen Fachkraft im weiteren Verlauf der Arbeit bestimmte.

Seit Beginn des 19. Jahrhunderts ist Bildung durch Wilhelm von Humboldt als wesentlicher Terminus in der deutschen Pädagogik manifestiert (Laewen 2002a: 16). Die Aktualität dieses Begriffs wird deutlich, wenn beispielsweise der 14. Kinder- und Jugendbericht schreibt, dass „Bildung [...] der Schlüssel für die Zukunft jedes einzelnen Kindes und der bestimmende Faktor für die Zukunftsfähigkeit unserer Gesellschaft“ ist (Bundesministerium für Familie, Senioren, Frauen und Jugend [BMFSFJ] 2013: 6). Es ist demzufolge nicht verwunderlich, dass Bildung als zentraler Begriff nicht nur aus politischen, sozial- und erziehungswissenschaftlichen, sondern genauso aus gesamtgesellschaftlichen Debatten der vergangenen Jahre nicht mehr wegzudenken ist.

Das Verständnis von Bildung meint dabei meist und in erster Linie die Wissensvermittlung sogenannter messbarer und vergleichbarer Kompetenzen in Schulen, wozu prüfbare Fächer wie Mathematik, Deutsch oder Englisch zählen (Rohlfs, Harring und Palentien 2014: 14). Eine solche Sichtweise impliziert gleichzeitig, dass Wissen, Kenntnisse und Kompetenzen beigebracht werden können.

In Anlehnung an den deutschen Pädagogen von Hentig, der Bildung als die „Aneignung aller dem Menschen innewohnenden Kräfte“ definiert (Hentig 1996: 40), wird Bildung heute immer mehr verstanden als ein eigenaktiver und selbststätiger Prozess des Kindes, in dem es sich in Auseinandersetzung mit sich und seiner Umwelt für sich entwicklungsrelevante Themen und Bedürfnisse erarbeitet. So versteht Schäfer (2003: 18, 21)

Bildung als die Leistung des Kindes, das mit ihm zur Verfügung stehenden Mitteln, Bedingungen und mithilfe bereits vorhandener Fähig- und Fertigkeiten sein Wissen und Können nutzen, ändern und erweitern kann. Auch der Bildungs- und Orientierungsplan Baden-Württemberg betrachtet die Bildung des Kindes als aktive Eigenleistung (KM 2011: 23).
Grundlage dieser Behauptungen ist das Stufenmodell der kognitiven Entwicklung des Schweizer Pädagogen Jean Piaget[2]. Piaget differenziert die Entwicklung des Denkens, in denen das Kind stetig wachsende und komplexere Erkenntnisse seiner Umwelt erwirbt, in vier aufeinander folgende Stufen. Im Verlauf dieser Stufen lernt das Kind, egozentrische, konkrete und handlungsnahe Sicht- und Handlungsweisen zu immer abstrakteren, theoretischen und mehrperspektivischen zu entwickeln, sodass es mehr und mehr in der Lage ist, neben seiner eigenen Sicht auch die seiner Umwelt wahrzunehmen und in eigene Denk- und Entscheidungsprozesse einzubeziehen (Völkel 2002: 104). Für Piaget ist dabei wichtig, dass die nächsthöhere Stufe erst erreicht werden kann, wenn das Kind die Kompetenzen der vorangegangenen erworben hat. Zudem geht das Modell von einer bereichsübergreifenden Entwicklung[3] aus, die stark von den geistigen Fähigkeiten des Kindes abhängig ist (ebenda [ebd.]: 107). Auch wenn Piagets Stufenmodell in den vergangenen Jahren oft heftig kritisiert bzw. erweitert wurde, machen seine Beobachtungen und Beschreibungen deutlich, dass der Wissenserwerb des Kindes kein Vorgang passiver Natur ist. Weil Piaget den Erkenntniserwerb des Kindes als Konstruktionsleistung betrachtet, liegt seinem Ansatz das Menschenbild des Konstruktivismus zugrunde. Das bedeutet, dass sich das Kind in „aktiver Auseinandersetzung mit Gegebenheiten, mit selbstgeschaffenen oder vorgegebenen Fragen und Problemen [...] seine Strukturen des Handelns und Erkennens"

[2] Eine ausführliche Beschreibung finden interessierte Leserinnen und Leser im Anhang unter *Anhang 1: Beschreibung des Stufenmodells nach Jean Piaget.*

[3] Unter einer bereichsübergreifenden Entwicklung versteht Piaget, dass das Kind alle Entwicklungsbereiche im selben Tempo bewältigt.

selbst aneignet (Montada 1998: 556). Bildung muss folglich mehr sein als eine rein funktionale Vermittlung von Wissen und Fähigkeiten. Der konstruktivistische Ansatz geht davon aus, dass Kinder die Welt selbst erfahren, entdecken und verstehen lernen wollen, sich als selbstwirksam erleben und somit erfahren, wie sie bestimmte Vorgänge beeinflussen können. Ausgehend von eben skizziertem konstruktivistischen Menschenbild ist es sinnvoll, lebensnahe, für das Kind relevante Kompetenzen in den Fokus zu nehmen (siehe *2.2 Die sozial-emotionale Kompetenz im frühkindlichen Alter*).

Nach §§ 28 und 29 KRK sind Kinder Träger ihnen eigener Rechte, wozu auch deren Recht auf Bildung und Erziehung „zu einer eigenverantwortlichen und gemeinschaftsfähigen Persönlichkeit" (§ 22 Abs. 1 SGB VIII) gehört. Der Auftrag zu Bildung und Erziehung der Kinder in deutschen Kindertageseinrichtungen meint dabei, dass Erwachsene lebenslange, selbsttätige Lernprozesse, in denen sich der Mensch Wissen über sich und über die Welt erwirbt (= Bildung), unterstützen, begleiten, anregen und herausfordern (= Erziehung) (KM 2011: 22). Konstruktivistisch gesehen bedeutet es, dass die pädagogische Fachkraft dem Kind zwar nichts beibringen kann, es jedoch dazu animieren und dabei unterstützen kann, bereits vorhandenes Können und Wissen so weiter zu entwickeln, dass das Kind Entwicklungsaufgaben und Anforderungen der Umwelt immer besser bewältigen kann (Schäfer 2003: 17f.).

Weil Bildungsprozesse in sozialer Interaktion auftreten (Textor 2007: 82), fordert Wygotski im „Gebiet der noch nicht ausgereiften, jedoch reifenden Prozesse [...] des Kindes" (Wygotski 1987: 83), in der Zone der nächsten Entwicklung[4], pädagogische Fachkräfte dementsprechend auf, die Kinder in einer sogenannten Ko-Konstruktion bei der Bewältigung entwicklungsrelevanter Themen und Interessen unterstützend zu begleiten (ebd.: 83).

[4] Eine detaillierte Beschreibung finden interessierte Leserinnen und Leser im Anhang unter *Anhang 2: Beschreibung der Zone der nächsten Entwicklung nach Lew Wygotski.*

In diesen Ko-Konstruktionen, in sozialen Beziehungen, gilt es in Anlehnung an den Arzt und Pädagogen Korczak oben angeführte Rechte und die Achtung des Kindes zu wahren (Korczak und Furtwängler 2006: 41). Durch genaues Beobachten und einfühlsames Fragen kann die pädagogische Fachkraft nach Korczak herausfinden, was das Kind wirklich beschäftigt, was seine Gedanken, Wünsche und Ideen sind (Stamer-Brandt 2014: 13), sie ernst nehmen und bei deren Verwirklichung begleitend unterstützen.

Das eben erarbeitete Bildungsverständnis und Bild vom Kind im Sinne des konstruktivistischen und ko-konstruktivistischen Ansatzes soll im weiteren Verlauf der Arbeit die grundsätzliche Haltung in Bezug auf das Kind und die pädagogische Fachkraft sein.

# 3 Die sozial-emotionale Kompetenz im frühkindlichen Alter

Der Kompetenzbegriff im Allgemeinen leitet sich von dem lateinischen Nomen *competentia* beziehungsweise (bzw.) von dem lateinischen Verb *competere* ab und bedeutet so viel wie *zusammentreffen* oder *zustehen* (Treptow 2014: 27). Der internationale Literaturbestand, damit sind sowohl die Einträge im Internet als auch Publikationen zum Thema Kompetenz gemeint, zeigt das Interesse an der Thematik in den unterschiedlichsten Wissenschafts- und Gesellschaftsbereichen (ebd.: 34f.). Bedeutung und Verständnis sind dabei vom jeweiligen Blickwinkel, sprich von der jeweiligen wissenschaftlichen Disziplin, abhängig (Schlüter 2010: 161). Grundsätzlich meint Kompetenz aber einerseits ein bestimmtes Verhalten sowie daraus folgende Konsequenzen und andererseits ein bestimmtes Verhaltenspotenzial (Kanning 2003: 12). Der ersten Sichtweise schließt sich eine oft zitierte und stark psychologisch geprägte Definition des Psychologen Weinert an. Nach Weinert meint Kompetenz „die bei Individuen verfügbaren oder durch sie erlernbaren kognitiven Fähigkeiten und Fertigkeiten, um bestimmte Probleme zu lösen, sowie die damit verbundenen motivationalen, volitionalen [bewusst, willentlich; Anmerkung der Verfasserin] und sozialen Bereitschaften und Fähigkeiten, um die Problemlösungen in variablen Situationen erfolgreich und verantwortungsvoll nutzen zu können“ (Weinert, im Druck, zitiert in [zit. in] Weinert 2001: 27f.). Eine Person gilt folglich als kompetent, wenn sie die Anforderungen der jeweiligen Situation für sich effektiv bewältigen kann. Damit ist nach Goldfried und D`Zurilla (1969) gemeint, dass eine Person bewusst positive Folgen maximieren und damit negative minimieren kann (Kanning 2003: 12). Weil Weinert von einer sehr intraindividualistischen Sichtweise ausgeht, sollte man seinem Standpunkt, wie es Goldfried und D`Zurilla (1969) tun, hinzufügen, dass neben der handelnden Person auch diverse Umwelteinflüsse Verlauf und Folgen einer Situation bedingen (ebd.: 12). Das bedeutet, dass das gleiche Verhalten je nach Situation zu unterschiedlichen Ergebnissen führt. Daraus folgt, dass eine Person je nach Konsequenzen der Situation mal als kompetent und mal als inkompetent gelten kann.

Auch die Definition des Pädagogen Heinrich Roth, dessen Kompetenzbegriff sich in den Erziehungswissenschaften etabliert hat, folgt dem ersten Verständnis von Kompetenz. Kompetenz untergliedert er noch einmal in *Selbstkompetenz*, das heißt, das Individuum kann für sich selbst verantwortlich handeln, in *Sachkompetenz*, womit er die Fähigkeit des Individuums meint, Sachbereiche beurteilen und selbstständig damit umgehen zu können, und in *Sozialkompetenz*, worunter Roth die Urteils- und Handlungsfähigkeit des Individuums in gesellschaftlichen oder politischen relevanten Sach- und Sozialbereichen versteht (Roth 1971: 180). Kompetenz ist für Roth verantwortungsvolle Handlungsfähigkeit, die zu Mündigkeit, zu Eigenverantwortlichkeit und Selbstständigkeit, führt (ebd.: 180). Ebenso wie Weinert geht auch Roth von einer stark intraindividualistischen Sicht der Kompetenz und des Kompetenzerwerbs aus und hält die Bedeutung des Kontextes oder des sozialen Umfelds nicht weiter für relevant.

Roths Forderung allerdings, dass Kompetenz verantwortungsvolles Handeln in den drei definierten Kompetenzbereichen und somit Mündigkeit des Individuums anstreben soll, findet sich noch heute, genauer im 12. Kinder- und Jugendbericht, wieder. Die Verfasserinnen und Verfasser schlagen vor, Bildungs- und Lernziele von Kindern und Jugendlichen als lebensnahe und bildungsbiographische Kompetenzen zu definieren. Diese Kompetenzen lassen sich in vier Weltbezügen erwerben, die untergliedert werden in *sozial, instrumentell-technisch, kulturell* und *Innen-Welt des Selbst* (BMFSFJ 2006: 85). Bei diesen Kompetenzen handelt es sich um alltagsnahe Kompetenzen, die es dem Kind ermöglichen sollen, sich in Auseinandersetzung mit sich und seiner Umwelt in der Welt selbstständig zurechtzufinden.

Greift man diesen Ansatz auf, so ließe sich, wie Treptow (2014: 29) es vorschlägt, eine Verbindung mit Antonovskys gesundheitswissenschaftlichem Ansatz der Salutogenese herstellen. Laut Antonovsky ist die Person, die die Welt als kohärent versteht, sprich ihre Handhabbarkeit erfahren, ihr Bedeutung entnehmen und sich als Teil dieser Welt erleben kann, fähiger, sich in der Welt zurechtzufinden als jene, die das nicht tut (Kolip, Wydler und Abel 2006: 14). Das konstruierende Kind will die Welt erfahren, verstehen und sich als selbstwirksam erleben. Man könnte sagen, dass das Kind mit seinem naturgegebenen Forscherdrang nach diesem Kohärenzgefühl strebt, indem es entwicklungs- und bedürfnisrelevante Themen vorgibt, die genau die oben beschriebenen Entwicklungen unterstützen und das Kind somit im Sinne Roths mündig wird.

Die zweite Sichtweise betrachtet Kompetenz als ein Potenzial des Individuums, gewisse Verhaltensweisen zeigen zu können (Ford, 1995, zit. in Kanning 2003: 12). Kanning (ebd.: 12) weist darauf hin, dass man zum einen zwischen den Fähigkeiten und Fertigkeiten der Person und zum anderen zwischen dem konkret gezeigten Verhalten in einer bestimmten Situation unterscheiden muss. Demzufolge kann eine Person auch dann als kompetent gelten, wenn sie einmal ein inkompetentes Verhalten zeigt. Relevant ist, ob eine Person generell fähig ist, ein bestimmtes Verhalten zu zeigen.

Problematisch ist insgesamt, dass Kompetenz überwiegend als eine stark intraindividualistische und meist kognitive Disposition betrachtet wird und der Beeinflussung durch die Umwelt zu wenig Aufmerksamkeit gewidmet wird. Gerade im Sinne des definierten Bildes vom Kind in seinen Bildungs- und Ko-Konstruktionsprozessen sollte die Aufmerksamkeit aber auch auf interindividuelle und situationsbedingte Umwelteinflüsse gelenkt werden.
Während die Ansätze von Weinert und Roth Kompetenz als Fähig- und Fertigkeiten einer Person, ein bestimmtes Verhalten zu zeigen, verstehen, meint kompetentes Verhalten ein konkretes Verhalten in einer bestimmten Situation (Kanning 2003: 14). Aufgrund von Beobachtungen des Verhaltens einer Person in verschiedenen Situationen kann allerdings auch auf deren Kompetenz geschlossen werden (ebd.: 14).
Weil gerade unter dem Blick der Zone der nächsten Entwicklung das vorhandene Entwicklungspotenzial der Kinder relevant für die optimale Unterstützung ist, ist auch die zweite Sichtweise, dass Kompetenz ein Verhaltenspotenzial ist, nicht außer Acht zu lassen. Im weiteren Verlauf der Arbeit soll der Kompetenzbegriff deshalb als Oberbegriff für Fertig- und Fähigkeiten im Sinne der ersten Sichtweise verstanden werden, welche jedoch, im Verständnis der zweiten Sichtweise, erweiterbar und ausbaufähig sind. Mit dieser Auffassung werden nun zunächst allgemein anerkannte Modelle der sozialen Kompetenz vorgestellt, sowie ein Überblick über die soziale Entwicklung des Kindes in den ersten sechs Lebensjahren gegeben. Dasselbe Vorgehen gilt für die emotionale Kompetenz. Anschließend werden Zusammenhänge zwischen sozialer und emotionaler Kompetenz erörtert.

## 3.1 Die soziale Kompetenz

Die Herausforderung eines nicht vorhandenen abgeschlossenen und allgemeingültigen Konzepts des Kompetenzbegriffs gilt ebenso für den Terminus der sozialen Kompetenz. Je nach Standpunkt stehen unterschiedliche Fähigkeiten sozialer Kompetenz im Zentrum der Aufmerksamkeit und Forschung. Bevor es darum geht, welche Dimensionen sozialer Kompetenz man definiert und differenziert, sollen im Folgenden zunächst die drei bekanntesten Ansätze zum Verständnis sozialer Kompetenz vorgestellt werden. Aus diesen Ansätzen lassen sich wesentliche Schlussfolgerungen für ein grundlegendes Verständnis sozialer Kompetenz ziehen.

Der erste Ansatz findet Verwendung besonders in der klinischen Psychologie und versteht unter sozialer Kompetenz vordergründig die Fähigkeit des Menschen, eigene Wünsche und Bedürfnisse sozial angemessen durchzusetzen (Schell 2011: 78). Sozial kompetent ist nach dieser Auffassung diejenige Person, die eigene Interessen gegenüber anderen erfolgreich realisieren kann. Entwicklungspsychologische Definitionen betrachten soziale Kompetenz mehr als Anpassungsfähigkeit des Individuums, nach der es der sozial kompetenten Person gelingt, sich an die sozialen Bedingungen ihres Umfeldes anzupassen (DuBois & Felner, 1996; Waters & Sroufe, 1983, zit. in Kanning 2002: 155).

Die beiden Ansätze definieren jeweils Fertigkeiten des Individuums, die auf den ersten Blick nicht kompatibel scheinen. Die Person nämlich, die versucht, sich ihren Interaktionspartnerinnen und Interaktionspartner ganz und gar unterzuordnen, wird gleichzeitig vermutlich eigene Wünsche und Bedürfnisse kaum durchsetzen können (Kanning 2002: 155). Weil Durchsetzungs- und Anpassungsfähigkeit des Individuums jedoch in keiner Weise im völligen

Widerspruch zueinander stehen müssen, betrachten Vertreter des dritten Ansatzes soziale Kompetenz als einen Kompromiss der beiden ersten Überlegungen. Wird soziale Kompetenz in diesem Kontext definiert als „die Fähigkeit, in sozialen Interaktionen seine eigenen Ziele zu erreichen und Bedürfnisse zu befriedigen und gleichzeitig die Ziele und Bedürfnisse von anderen zu berücksichtigen" (Perren u.a. 2008: 89), meint soziale Kompetenz die Verbindung von Fertigkeiten, die beispielsweise das Erreichen eigener Ziele und Bedürfnisse, Durchsetzungsfähigkeit oder Kontaktaufnahme, sprich eher eigenbezogene Fertigkeiten, und Fähigkeiten, wie Kooperation oder prosoziale Verhaltensweisen, sprich eher fremdbezogene Fertigkeiten (ebd.: 89).

Spricht man von sozialer Kompetenz, ist logischerweise eine soziale Bezugsgröße notwendig (Kanning 2002: 155), welche sich in der sozialen Interkation wiederfindet. Für gelingende soziale Interaktion und eine gute Qualität eigener sozialer Fähig- und Fertigkeiten ist demzufolge Kooperation der Interaktionspartnerinnen und Interaktionspartner notwendig.

Soziale Kompetenz ist nicht als eine ausschließlich dem Individuum innewohnende Fertigkeit zu betrachten, sondern als ein Zusammenspiel verschiedener Interaktionspartnerinnen und Interaktionspartner und situationsspezifischer Umwelteinflüsse.

### 3.1.1 Dimensionen der sozialen Kompetenz

Die soziale Kompetenz beinhaltet je nach Auffassung der jeweiligen Wissenschaftlerinnen und Wissenschaftler verschiedene Aspekte und Schwerpunkte. Im Folgenden sollen vier bereits vorliegende und anerkannte Konzepte der sozialen Kompetenz inhaltlich vorgestellt, miteinander verglichen und hinsichtlich des oben definierten Bildes vom Kind betrachtet werden.

Das erste Konzept der sozialen Kompetenz stammt von Petermann (2002: 175f.), der das Kompetenzmodell von Gresham und Reschly (1987) überarbeitet hat. Es ergeben sich folgende drei Bestandteile der sozialen Kompetenz (ebd.: 175f.):

**1. Adaptives Verhalten:**

Unter adaptivem Verhalten verstehen die Forschenden unterschiedliche Fähigkeiten und Aspekte, die die sprachliche und körperliche Entwicklung sowie schulische Fertigkeiten betreffen.

**2. Soziale Fertigkeiten:**

Die sozialen Fertigkeiten differenziert man weiter in interpersonelles (beispielsweise Akzeptanz von Autoritäten), selbstbezogenes (u.a. Ausdruck eigener Gefühle) und aufgabenbezogenes (zum Beispiel [z.B.] eigenständige Bearbeitung oder Beendigung einer Aufgabe) Verhalten.

**3. Akzeptanz durch Gleichaltrige**

Abbildung 1 macht das Zusammenspiel der drei Komponenten deutlich. Die Abbildung zeigt außerdem den bedeutenden Einfluss der Akzeptanz durch Gleichaltrige auf die soziale Kompetenz des Individuums.

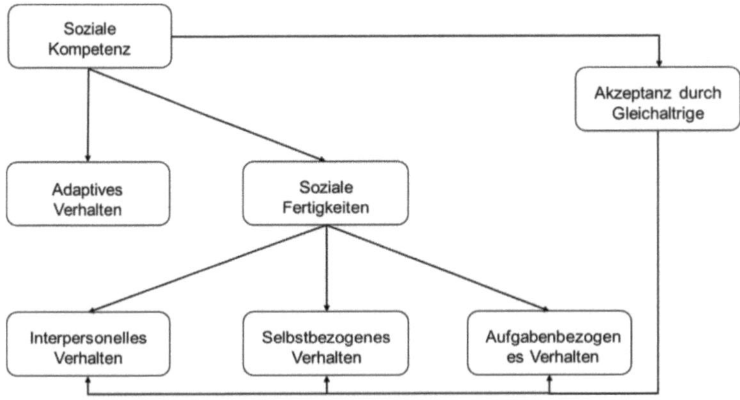


Abbildung 1: Komponenten sozialer Kompetenz nach Petermann/ Gresham und Reschly (Schell 2011: 80); Aufbereitung durch die Verfasserin.

Eisenberg und Harris sind der Ansicht, dass soziale Kompetenz als eine Sammlung von Erziehungszielen zu verstehen ist (Petermann 2002: 175). Anders als das Modell von Petermann betrachten sie soziale Kompetenz als allein vom Individuum ausgehende Fähig- und Fertigkeiten, die mindestens folgende Aspekte umfassen:

- „Fähigkeit zur Perspektivübernahme,
- Erkennen des Stellenwertes von Freundschaften,
- angemessene Problemlösestrategien für soziale Interaktionen,
- Entwicklung von moralischen Wertvorstellungen und
- kommunikative Fertigkeiten" (ebd.: 175).

Ähnlich wie das modifizierte Modell von Petermann, wenn auch nicht so stark, versteht auch das Konzept von Caldarella und Merrel soziale Kompetenz als Konstrukt, das nicht allein von den Fähigkeiten und Fertigkeiten des Individuums ausgeht. Basierend auf den Ergebnissen einer Metaanalyse von insgesamt 21 Studien haben sie fünf Basisfertigkeiten bestimmen können, die Kinder und Jugendliche als sozial kompetent kennzeichnen (Schell 2011: 81):

1. **Interaktionsfähigkeiten in der Beziehung zu Gleichaltrigen:**
Die Autorinnen und Autoren verstehen hierunter Fertigkeiten wie Hilfe- und Unterstützungsleistung, Empathiefähigkeit, anderen Komplimente machen, Übernahme von sozialer Verantwortung und Fähigkeiten der Führungsqualität oder Humor haben.
2. **Fertigkeiten des Selbstmanagements:**
Hierunter fallen u.a. die Fähigkeit, sich an soziale Regeln und Grenzen halten zu können, die Kontrolle der eigenen Gefühlslage oder Kritikfähigkeit. Auch Kompromissbereitschaft, die Fähigkeit zum Kooperieren in der Gruppe oder die Organisationsfähigkeit zählen zu diesen Fertigkeiten.
3. **Schulische Fähigkeiten:**
Dieser Aspekt umfasst die Fähigkeit, Aufgaben selbstständig erledigen zu können, Anweisungen von Autoritätspersonen ausführen zu können, Aufgaben mithilfe angemessener Arbeitsgewohnheiten erledigen zu können und die Fertigkeit, mit freier Zeit adäquat umgehen zu können.
4. **Kooperations- und Mitwirkungsbereitschaft:**
Zu dieser Basisfertigkeit gehört ein konstruktiver Umgang mit Kritik, das Abschließen von Aufgaben und Ordnung zu halten. Eine weitere Fähigkeit ist das Befolgen sozialer Regeln und Anwesungen sowie die Fähigkeit zu teilen.
5. **Durchsetzungsfähigkeit im Sinne von Selbstsicherheit und Selbstbehauptung:**
Hierunter fallen Interaktionsvorgänge wie der Beginn eines Gesprächs, die Annahme von Komplimenten, verbunden mit einer gewissen Selbstzufriedenheit, außerdem der Aufbau von Freundschaften und der eigenständige Ausdruck von Gefühlen.

Kanning (2003: 20–22) beschreibt soziale Kompetenz noch stärker als Caldarella und Merrel oder Eisenberg und Harris als Fähig- und

Fertigkeiten des Individuums, die es entweder für sich selbst oder auf seine Umwelt bezogen anwendet. Abbildung 2 verdeutlicht dies. Aufgrund der meist vertretenen Definitionen sozialer Kompetenz unternahm Kanning den Versuch, diese zu bündeln und hat drei wesentliche Dimensionen sozialer Kompetenz herausgearbeitet, die er in den *perzeptiv-kognitiven*, den *motivational-emotionalen* und den *behavioralen Bereich* mit jeweiligen Unterkategorien untergliedert. Dabei kann jeder dieser Aspekte mehr oder weniger stark ausgebildet sein (Kanning 2002: 157).

| perzeptiv-kognitiver Bereich | motivational-emotionaler Bereich |
|---|---|
| - Selbstaufmerksamkeit<br>o direkt<br>o indirekt<br>- Personenwahrnehmung<br>- Perspektivenübernahme<br>- Kontrollüberzeugung<br>o internal<br>o external<br>- Entscheidungfreudigkeit<br>- Wissen | - Emotionale Stabilität<br>- Prosozialität<br>- Wertepluralität |
| behavioraler Bereich | |
| - Extraversion<br>- Durchsetzungsfähigkeit<br>- Handlungsflexibilität<br>- Kommunikationsstil<br>o Unterstützung (fordernd & gewähren)<br>o Bewertung<br>o Expressivität<br>o Zuhören<br>- Konfliktverhalten<br>o Verwirklichung eigener Interessen<br>o Berücksichtigung der Interessen anderer<br>- Selbststeuerung<br>o Verhaltenskontrolle im soz. Kontext<br>o Selbstdarstellung | |

Abblidung 2: Dimensionen der sozialen Kompetenz nach Kanning (2003: 21); Aufbereitung durch die Verfasserin.

Jedes der vorgestellten Konzepte verdeutlicht, dass soziale Kompetenz unterschiedliche Gesichtspunkte umfasst, wie beispielsweise das Wissen um soziale und meist kulturell bedingte Regeln oder Fertigkeiten und Fähigkeiten des Individuums (Kanning 2002: 155). Es lassen sich einige übereinstimmende Elemente sozialer Kompetenz finden. Dazu zählen z.B. die Fähigkeit zur Perspektivenübernahme (u.a. Eisenberg und Harris, Basisfertigkeit 1 nach

Caldarella und Merrel), das Erkennen der Bedeutung von Freundschaften (u.a. Eisenberg und Harris), die Entwicklung positiver Problemlösestrategien innerhalb sozialer Interaktionen (u.a. behavioraler Bereich nach Kanning, Eisenberg und Harris), die Entwicklung moralischer Wertvorstellungen (u.a. perzeptiv-kognitiver Bereich nach Kanning, Eisenberg und Harris) oder die Fertigkeiten zur Kommunikation (u.a. Basisfertigkeit 4 nach Caldarella und Merrel, Eisenberg und Harris, behavioraler Bereich nach Kanning).

Abgesehen von dem Aspekt „Anerkennung durch Gleichaltrige" nach dem Modell von Petermann/Gresham und Reschly verfolgen die vier Konzepte sozialer Kompetenz mit ihren jeweiligen Bestandteilen/Unterpunkten einen intraindividualistischen Ansatz. Jedoch lässt sich auch ansatzweise bei Caldarella und Merrel, z.B. unter Basisfertigkeit 5 – Annahme von Komplimenten, erahnen, dass die Interaktionspartnerinnen und Interaktionspartner eine bedeutende Rolle bei der Realisierung sozialer Kompetenz spielen.

Beachtet man die Relevanz einer sozialen Bezugsgröße, die der sozialen Kompetenz zugrunde liegt (Kanning 2002: 155), sollte diese doch in den Prozessen der Ausbildung sozialer Fertigkeiten besonders mit Blick auf Wygotskis Zone der nächsten Entwicklung, in der das Kind in Zusammenarbeit mit seinem Gegenüber die Gelegenheit hat, vorhandenes Potenzial zu erweitern, mehr bedacht werden. Denn auch wenn das im definierten Bildungsverständnis konstruierende Kind sich seine Welt selbst aneignet und durch Handlungen erfährt (Laewen 2002b: 211), befindet sich das Kind in einer Ko-Konstruktion mit Peers[5] oder erwachsenen Personen, die in Interaktion auf das Handeln des Kindes reagieren und somit eine entscheidende Rolle beim Erwerb und Entwicklungsverlauf sozialer

[5] Der Begriff *Peer* (pl. *Peers*) kommt aus dem Englischen und ist ein Synonym für das Deutsche Wort *Gleichaltrige*.

Kompetenzen einnehmen (Becker-Stoll 2007: 22, Kasten 2008: 10f.).

### 3.1.2 Entwicklung der sozialen Kompetenz

Nachdem nun die verschiedenen Modelle sozialer Kompetenz vorgestellt wurden, gilt es, sich mit dem Entwicklungsverlauf sozialer Fertig- und Fähigkeiten zu beschäftigen. Die Entwicklung der sozialen Kompetenz in der frühen Kindheit und im weiteren Lebenslauf ist bisher wenig erforscht (Simoni u.a. 2008: 15), dennoch lassen sich einige relevante Aspekte identifizieren.

Im Folgenden werden die Meilensteine der sozialen Entwicklung in den ersten sechs Lebensjahren vorgestellt. Weil sich schon allein aus Beobachtungen sagen lässt, dass das Kind in diesen Jahren rasche und unübersehbare Entwicklungsveränderungen erlebt, die bestimmte Gesetzmäßigkeiten vermuten lassen, es jedoch auch Kinder gibt, die gewisse Meilensteine früher oder später erreichen, sei an dieser Stelle angemerkt, dass es bei folgenden Alters- und Entwicklungsbeschreibungen um Meilensteine und keinesfalls um fixe, unveränderbare Angaben geht.

Im Sinne des formulierten Bildungsverständnisses und des darin inkludierten Bildes vom Kind gehen zahlreiche Wissenschaftlerinnen und Wissenschaftler sowie pädagogische Fachkräfte davon aus, dass ein Kind nicht als ein *unbeschriebenes Blatt* zur Welt kommt, sondern mit einer Grundausstattung an Fertigkeiten, die es ihm ermöglichen, sich und seine Umwelt forschend zu erfahren und sich in ihr zurechtzufinden (Völkel 2002: 122). So kann der Säugling schon auf ein gewisses Repertoire an Verhaltensweisen zurückgreifen, um mit Bezugspersonen zu interagieren. Um Kontakt

aufzunehmen und aufrechtzuerhalten, nutzt er beispielsweise Ausdrucksformen wie das Lachen, Lallen, Schreien oder Weinen und um Kontakt abzuwehren bzw. abzubrechen, wendet er den Blick ab oder versteifen ihren gesamten Körper (Petermann, Niebank und Scheithauer 2004: 189).
Das konstruierende Kind erweitert in Ko-Konstruktion mit Bezugspersonen in der Zone der nächsten Entwicklung seinen Handlungsspielraum und Erfahrungshorizont stetig. So haben Papoušek und Papoušek (1999: 149) festgestellt, dass eine angemessene Reaktion der Eltern bzw. der Bezugspersonen – ob bewusst oder unbewusst – auf die Reaktionen des Säuglings von besonderer Bedeutung zur unterstützenden Begleitung der sozialen Entwicklung des Säuglings sind.
Den besonderen Stellenwert der frühen Kindheit für die Entwicklung sozialer Kompetenz zeigen die in diesen Jahren anstehenden und zu bewältigenden Entwicklungsaufgaben. Neben der Bewältigung beispielsweise von motorischen Entwicklungsaufgaben (z.B. das Laufenlernen), erlebt das Kind den Beginn der eigenen Ich-Entwicklung. Es nimmt sich immer mehr als eigenständiges Individuum mit eigener Persönlichkeit, eigenen Gedanken und Gefühlen wahr, das sich von anderen unterscheidet (Oerter 2008: 220f., 230f.). Für eine positive Ich-Entwicklung ist positive Anerkennung von pädagogischen Fachkräften, Peers, Eltern und Geschwistern wichtig (Mayer, Heim und Scheithauer 2007: 83). Das Kind muss jedoch noch lernen, mit negativer Rückmeldung umzugehen (Kasten 2008: 107). Gefühle erlebt das Kind unmittelbar, handelt und äußert sich darüber auch entsprechend (ebd.: 176). Bei diesen Entwicklungen spielt sprachlicher Fortschritt eine bedeutsame Rolle, da er das Kind dazu befähigt, aktiv mit seinem Umfeld über eigene und

fremde Emotionen kommunizieren und soziale Beziehungen knüpfen und pflegen zu können (Jerusalem und Klein-Heßling 2002: 166). Es lernt jedoch auch, dass sein Gegenüber ein eigenes Selbst mit eigenen Gedanken, Gefühlen und Wünschen hat. Oerter (2008: 261) und Kasten (2008: 84f.) betonen zwar, dass Kinder sich in prosozialen und empathischen Verhaltensweisen schon früh unterscheiden, sie aber dennoch etwa ab dem zweiten Lebensjahr in der Lage sein können, sich in das Gegenüber hineinzuversetzen und deren Situation zu berücksichtigen. Dies würde Piagets Annahme, dass Kind sei erst ab einem Alter von sieben, ab der Stufe der konkreten Operationen, zur Perspektivübernahme fähig (Völkel 2002: 107), widerlegen. Eine andere Schlussfolgerung aus diesen Beobachtungen ist, dass die Entwicklung zu Empathie und Mitgefühl ein weiterer wichtiger Aspekt der Entwicklung sozialer Kompetenz ist, den es schon früh zu unterstützen gilt.

Die wachsende Mobilität steigert den Betätigungsradius des Kindes und ermöglicht ihm, seinem Entdeckerdrang nachzugehen und somit auch seinen sozialen Radius zu erweitern (Kasten 2008: 176). So beginnen beispielsweise im Laufe des dritten Lebensjahres Gleichaltrige immer wichtiger zu werden. Durch das soziale Spiel beispielsweise lernen Kinder Kontakte zu Spielkameraden dauerhaft zu gestalten und Freundschaften zu schließen (Mayer, Heim und Scheithauer 2007: 82, Kasten 2008: 108–110). Gerade mit dem Eintritt in Kindertageseinrichtungen, der mit vielen neuen Herausforderungen und vielen neuen sozialen Kontakten verbunden ist, hat das Kind die Möglichkeit, seine sozialen Fertigkeiten mit stets wachsenden kognitiven und sprachlichen Fähigkeiten zu erweitern (Kasten 2008: 128). Es erlebt außerdem, dass eigene und fremde Bedürfnisse in ein Gleichgewicht gebracht werden müssen, damit sich alle Beteiligten in der jeweiligen Situation wohl fühlen

(Mayer, Heim und Scheithauer 2007: 82). Das Kind bildet außerdem allmählich ein moralisches Urteilsvermögen, ein Wissen über Ge- und Verbote aus (Kasten 2008: 131), die es mehr und mehr als ihm innewohnende Werte verankert.
Diese Fertigkeiten erweitern und manifestieren sich im Verlauf des vierten Lebensjahres, sodass das Kind im Laufe des fünften Lebensjahres immer mehr lernt, die kulturellen Wertvorstellungen, Regeln und Normen zu verinnerlichen, zu verstehen und anzuwenden (Kasten 2008: 156, 179). Das Kind ist immer mehr in der Lage, die Handlungen und Ansichten des Gegenübers in die eigenen Gedanken und Handlungspläne miteinzubeziehen, außerdem ist es fähig „richtig“ von „falsch“ zu unter- scheiden (ebd.: 156).
Die wachsende Selbstständigkeit fördert Selbstvertrauen und Selbstbewusstsein, so- mit die Auseinandersetzung mit der eigenen Persönlichkeit. Durch den Kontakt mit Gleichaltrigen hat das Kind die Möglichkeit, in einer Gemeinschaft, in der es sich als Mitglied versteht, Fähigkeiten der Kooperation, der Teamarbeit, aber auch der Konfliktfähigkeit und einer gemeinsamen Aushandlung von Regeln zu erlernen (Kasten 2008: 156).
Es ist offensichtlich, wie wichtig das Lernen in der Gemeinschaft für die Entwicklung sozialer Fertigkeiten ist. In Ko-Konstruktionen mit vertrauten Erwachsenen oder mit Peers, die über einen (geringfügig) größeren Erfahrungshorizont im jeweiligen sozialen Bereich verfügen, hat das Kind nach Wygotskis Zone der nächsten Entwicklung die Möglichkeit, eigene Fähigkeiten mit denen des Gegenübers zu vergleichen und seinen eigenen Spielraum sozialer Handlungsweisen mit dessen Unterstützung stetig zu erweitern.
Das anfänglich noch begrenzte sprachliche Können macht den meisten Kindern im sechsten Lebensjahr keine Probleme mehr. Durch das wachsende soziale Umfeld (Kindertageseinrichtung,

Nachbarschaft, Kursgruppen, Vereine) hat das Kind die Möglichkeit, Freundschaften aufrechtzuerhalten, neue Freundschaften zu knüpfen, anderen Kindern Vorbild zu sein und sich selbst ein Vorbild zu suchen (Kasten 2008: 164).

Die Ausführungen verdeutlichen, dass soziale Kompetenz nicht für sich betrachtet werden kann, sondern in Zusammenhang mit dem Voranschreiten anderer Entwicklungsaufgaben, wie im sprachlichen, motorischen oder kognitiven Bereich, gesehen werden muss. Das weist darauf hin, dass es schwer möglich ist, die soziale Entwicklung des Kindes für sich allein zu unterstützen und zu begleiten. Viel mehr sprechen diese Beobachtungen für eine ganzheitliche Begleitung und Unterstützung im pädagogischen Alltag.

Im Blick auf das konstruktivistische Kind, das in Ko-Konstruktionen mit Erwachsenen oder Gleichaltrigen seinen Erfahrungsschatz erweitert, erlangen die Reaktionen des sozialen Umfelds große Bedeutung für eine sich gut entwickelnde soziale Kompetenz, was keinesfalls unterschätzt oder vernachlässigt werden darf.

Angesichts der durch eine sich schnell verändernde Umwelt und angesichts stetig wachsender Anforderungen an persönliche Ressourcen und Leistungen von Kindern hat die Entwicklung sozialer Kompetenzen eine enorme Bedeutung für die Bewältigung weiterer Aufgaben im Lebenslauf. Daher ist es nur sinnvoll, die Begleitung und Unterstützung der sozialen Kompetenz von Kindern zu einem Ziel pädagogischen Handelns zu machen, wie es das Berliner Bildungsprogramm vorschlägt (Senatsverwaltung für Bildung, Jugend und Wissenschaft [BJW] 2014: 27f.).

## 3.2 Die emotionale Kompetenz

Befasst man sich mit Emotionen bzw. Gefühlen, sollte man sich zunächst über Begrifflichkeiten verständigen, denn meist meint jede und jeder etwas anderes und es kommt zu Missverständnissen[6]. Während Laien ein Gefühl als ein subjektives, nicht beobachtbares Erleben verstehen, betrachten Wissenschaftlerinnen und Wissenschaftler diesen Aspekt nur als eine Teilkomponente einer Emotion (Siegler, DeLoache und Eisenberg 2008: 529). Weiter Elemente sind eine physiologische Reaktion (z.B. beschleunigter Herzschlag, Anstieg des Stresshormons Cortisol, sichtbares Zittern oder Rotwerden), eine kognitive Bewertung der jeweiligen Situation und das Ausdrucksverhalten (nach außen deutlich sichtbare Mimik und Körperhaltung) (ebd.: 529).

Betrachtet man das Kind als forschendes Individuum in Ko-Konstruktionsprozessen mit der pädagogischen Fachkraft/erwachsenen Person oder Peers, sollte man Emotionen, wie es James Gross und Ross Thompson (2007) vorschlagen, in die sozialen Interaktionsvorgänge zwischen Mensch und Umwelt einbetten (Klinkhammer und Salisch 2015: 12). Das bedeutet, dass Emotionen nicht nur Zustände sind, die einzig und allein vom Individuum steuer- und beeinflussbar oder allein in einer Person zu verorten sind, sondern in sozialen Transaktionen stattfinden und somit als Reaktionen auf Handlungen/emotionale Aktionen des Gegenübers zu betrachten sind.

Spricht man von Emotionen, lässt sich zwischen den sogenannten Basisemotionen/primären Emotionen und sekundären Emotionen unterscheiden (Petermann und Wiedebusch 2003: 29). Zudem lassen sich Emotionen in positive (Freude oder Liebe) und negative

---

[6] Im weiteren Verlauf des Textes werden die Begriffe *Gefühl* und *Emotion* synonym verwendet.

(Ärger, Trauer oder Wut) Emotionen differenzieren (Fischer, Shaver und Carnoch 1990, S. 90, zit. in Klinkhammer und Salisch 2015: 15f.).

In den ersten Lebensjahren erweitern Kinder sowohl eigenständig als auch in Interaktion mit ihren Mitmenschen stetig ihren emotionalen Erfahrungsschatz (Klinkhammer und Salisch 2015: 34). Zu den Meilensteinen dieser Entwicklungsprozesse gehören

(a) die Entwicklung von Emotionen und sprachlichem Emotionsausdruck,

(b) das zunehmende Emotionswissen und –verständnis und die Entwicklung der Emotionsregulation (Petermann und Wiedebusch 2008: 30).

(c) die Entwicklung der Emotionsregulation (Petermann und Wiedebusch 2008: 30).

Im weiteren Verlauf des Textes werden den Leserinnen und Lesern zunächst anerkannte Konzepte der emotionalen Kompetenz vorgestellt und anschließend die Meilensteine der emotionalen Entwicklung dargestellt.

### 3.2.1 Dimensionen der emotionalen Kompetenz

Nachdem nun geklärt wurde, was der Terminus Emotion beinhaltet, sollen nun drei bereits vorliegende und anerkannte Konzepte der emotionalen Kompetenz inhaltlich vorgestellt, miteinander verglichen und hinsichtlich des definierten Bildes vom konstruierenden Kind in seinen Bildungsprozessen betrachtet werden.

Das erste Konzept stammt von der Professorin im Fachbereich Psychologie Carolyn Saarni. Sie schlägt ein Konzept zur emotionalen Kompetenz vor, das die emotions- bezogenen Fähigkeiten einer Person besonders hinsichtlich der Nützlichkeit und Effektivität in sozialen Beziehungen in den Fokus nimmt (Saarni 2002: 12). Emotional kompetent ist nach Saarnis Ansatz das Kind, das emotionale Fähigkeitenund Fertigkeiten in sozialer Interaktion anwenden kann und dabei selbstwirksames Verhalten zeigt (ebd.: 12). Selbstwirksamkeit bedeutet dabei für Saarni, dass das Individuum über Fertigkeiten und Fähigkeiten verfügt, durch die es in seinem Handeln ein gewünschtes Ziel erreicht (ebd.: 10).

Nach eigenen Aussagen benennt Saarni aufgrund einer Auswertung zahlreicherempirischer Untersuchungen acht Schlüsselqualifikationen, die das Kind im Bereich der emotionalen Entwicklung erwirbt. Dabei betont sie, dass diese Schlüsselqualifikationen immer kontext- und kulturbezogen sind, außerdem in sozialer Interaktion stattfinden (Saarni 2002: 12). Diese acht Schlüsselqualifikationen werden im Folgenden dar- gestellt (Petermann und Wiedebusch 2003: 13f., Saarni 2002: 12):

1. Die Fähigkeit, sich seines eigenen emotionalen Zustands bewusst zu sein beinhaltet das Wissen über die Möglichkeit, mehrere, sich eventuell widersprechende Gefühle zur selben Zeit empfinden zu können.

2. Die Fähigkeit, Emotionen anderer aufgrund situativer Merkmale, des Emotionsausdrucks und kultureller Gegebenheiten wahrnehmen, deuten und verstehen zu können.
3. Die Fähigkeit, über Gefühle kommunizieren zu können, beinhaltet Kenntnisse über kulturell bedingtes Emotionsvokabular und die Fähigkeit, dieses verwenden zu können.
4. Die Fähigkeit, auf das emotionale Erleben des Gegenübers empathisch einzugehen. Die Fähigkeit zu wissen und zu bemerken, dass das eigene und fremde emotionale Ausdrucksverhalten nicht immer der tatsächlich erlebten Emotion entsprechen muss und die damit verbundene Möglichkeit, das eigene Ausdrucksverhalten auf das der anderen abstimmen zu können.
5. Die Fähigkeit, negative, belastende Emotionen und Stresssituationen unter Einsatz von Selbstregulationsstrategien verringern und/oder bewältigen zu können.
6. Das Bewusstsein darüber, dass zwischenmenschliche Beziehungen zu einem großen Teil davon abhängen, auf welche Art Gefühle kommuniziert werden.
7. Die Fähigkeit zur emotionalen Selbstwirksamkeit ermöglicht eine Akzeptanz des eigenen Gefühlslebens und somit ein emotionales Gleichgewicht.

Auch das Modell von Linda Rose-Krasnor geht von einer Effektivität oder Wirksamkeit des eigenen Verhaltens in Transaktionen zum Erreichen persönlicher Ziele aus (Sa- lisch 2002: 37). Rose-Krasnor stellt ihr Konzept in Form einer Pyramide dar (Abbildung 3).

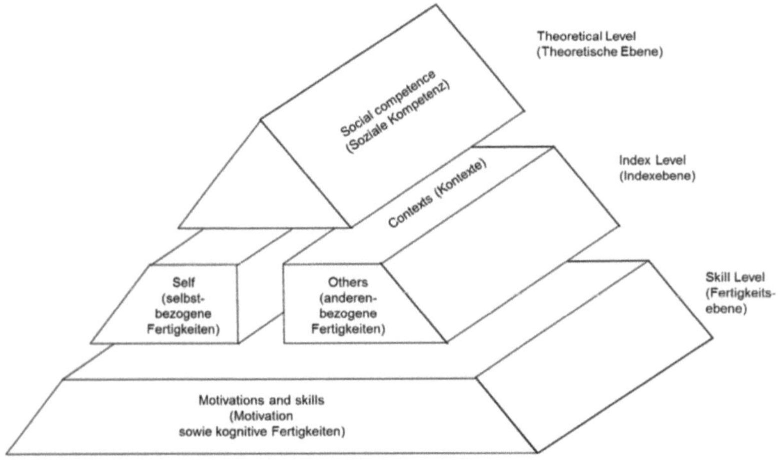


Abbildung 3: Pyramidenmodell der sozialen Kompetenz nach Rose-Krasnor (Salisch 2002: 38); Aufbereitung durch die Verfasserin.

Das Fundament dieser Pyramide (Fertigkeitsebene) bilden kognitive und emotionale Fertigkeiten, außerdem dem Individuum innewohnende Werte und Ziele. Auch die Motivation, diese Fähigkeiten einzusetzen, zählt dazu. Auf der zweiten, der Indexebene, bettet Rose-Krasnor diese Fertigkeiten in verschiedene soziale Kontexte (Elternhaus, Schule, Gleichaltrigenbeziehungen) ein. Soziale Fertigkeiten differenzieren sich auf der Indexebene in „selbstbezogene" und „anderenbezogene" Fertigkeiten. Die Spitze der Pyramide (theoretische Ebene) umschließt das gesamte Konzept der sozialen Kompetenz.

Noch mehr als Rose-Krasnor den Zusammenhang zwischen emotionaler und sozialer Kompetenz hervorhebt, betont dies das Konzept der affektiven sozialen Kompetenz (ASK) von Halberstadt, Denham und Dunsmore. Dabei steht nicht die Person, sondern die Kommunikation im Fokus des Modells (Petermann und Wiedebusch 2003: 15, Salisch 2002: 39). Das Konzept, das im Original als Windrad dargestellt ist (Abbildung 4), besteht aus den drei Komponenten *Senden von Gefühlen*, *Empfangen von Gefühlen* und *Erleben von Gefühlen*.

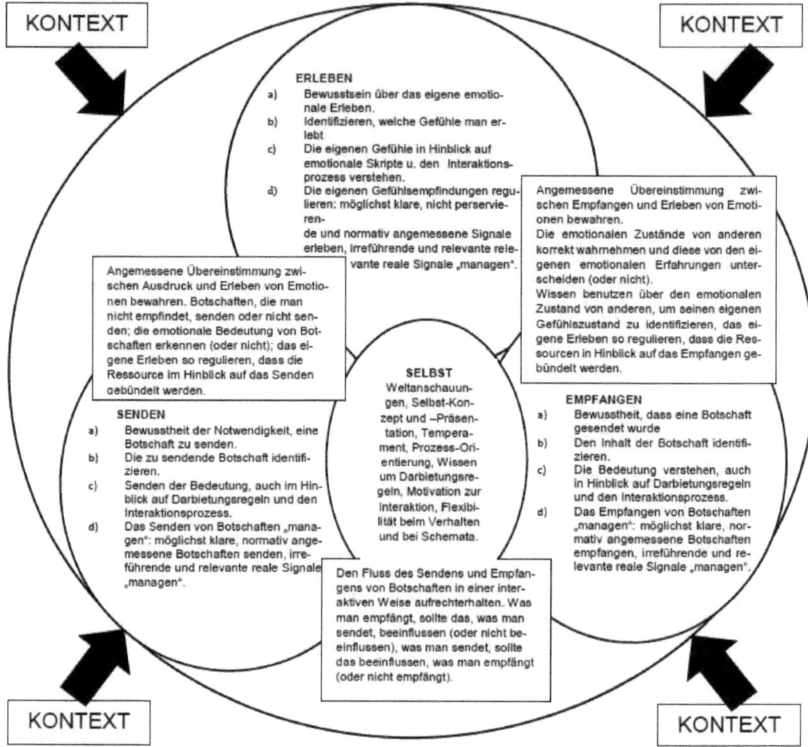


Abbildung 4: Das Konzept der ASK nach Halberstadt, Denham und Dunsmore (Salisch 2002: 41), Aufbereitung durch die Verfasserin.

Innerhalb der drei einzelnen Komponenten sind jeweils vier Fertigkeiten verordnet:

1) das Bewusstsein der eigenen Gefühle,
2) die Identifizierung und Akzeptanz der eigenen Gefühle,
3) die Interpretation der Gefühle des Gegenübers und eine Reaktion in angemessener Weise und
4) die Fähigkeit, Gefühle regulieren zu können (Klinkhammer und Salisch 2015: 29, Petermann und Wiedebusch 2003: 15).

Die Komponente *Senden von Gefühlen* lässt ein Kind nach dem Konzept der ASK dann kompetent sein, wenn es in der Lage ist, emotionale Botschaften bedarfsgerecht und situationsangemessen senden zu können (Petermann und Wiedebusch 2003: 15, Salisch 2002: 40). Das bedeutet, das Kind kann Entscheidungen darüber treffen, warum es wem wann was kommunizieren sollte und was nicht. Bei der zweiten Komponente *Empfangen von Gefühlen* geht es um das Wissen des Kindes, emotionale Botschaften empfangen zu können, Emotionen des Gegenübers eindeutig erkennen und interpretieren zu können und wahre von falschen (beispielsweise vorgetäuschten) Gefühlen zu unterscheiden (Petermann und Wiedebusch 2003: 15, Salisch 2002: 40). Die dritte Komponente *Erleben von Gefühlen* meint das Wissen des kompetenten Kindes darum, überhaupt Gefühle erleben zu können, diese emotionalen Erfahrungen zu identifizieren und zu interpretieren, sowie das emotional Erlebte beispielsweise durch Abschwächung, Zurückhaltung oder Verstärkung regulieren zu können (Petermann und Wiedebusch 2003: 15, Salisch 2002: 40f.).

Im Zentrum der drei Komponenten verortet das Konzept der ASK das Selbst bzw. das Kind mit seinen individuellen Merkmalen, wie beispielsweise Temperament, Selbstkonzept, soziales Regelwissen, Motivation zur Interaktion, auf die sich die drei eben beschrieben Komponenten beziehen (Petermann und Wiedebusch 2003: 15f., Salisch 2002: 39f.). Zudem legt das Modell von Halberstadt, Denham und Dunsmore Augenmerk darauf, dass nicht nur intraindividuelle Faktoren, sondern u.a. auch kulturelle, familiäre und Umwelteinflüsse Auswirkungen auf die Kompetenzentwicklung haben (Salisch 2002: 40).

Die vorgestellten Modelle sind in der Reihenfolge ihrer Veröffentlichungen vorgestellt worden. Saarni veröffentlichte ihr Konzept der emotionalen Kompetenz 1990, Rose-Krasnor ihr Konzept der sozialen Kompetenz im Jahr 1997 und Halberstadt, Denham und Dunsmore publizierten ihr Konzept der ASK im Jahr 2001 (Klinkhammer und Sa- lisch 2015: 32). Jedes der drei Konzepte versucht, die Bereiche der Emotionsentwicklung und des Emotionsausdrucks, des Emotionsverständnisses und –wissens, sowie die Entwicklung der Emotionsregulation miteinander zu vereinen. Es lassen sich einige Ähnlichkeiten und Überschneidungen, aber auch Abweichungen feststellen.

Beispielsweise taucht das Bewusstsein über den eigenen emotionalen Zustand (Fertigkeit 1) in Saarnis Konzept im Modell von Halberstadt, Denham und Dunsmore unter dem Aspekt, das eigene emotionale Erleben zu identifizieren, auf (Klinkhammer und Salisch 2015: 32). Auch die selbst- und anderenbezogenen Fertigkeiten auf der Indexebene im Konzept von Rose-Krasnor lassen sich in Saarnis Modell u.a. in den Fertigkeiten 2, 3 oder 5 und in dem Konzept der ASK beispielsweise unter dem Aspekt
„Die emotionalen Zustände von anderen korrekt wahrnehmen" wiederfinden.

Weil die Modelle von Saarni und Rose-Krasnor auf Effektivität und Wirksamkeit ausgerichtet sind, lässt sich daraus folgern, dass es

keine „richtigen" oder „falschen" Emotionen bzw. emotionalen Verhaltensweisen gibt, sondern diese relativ im Hinblick auf die Ziele der handelnden Person sind (Salisch 2002: 38).
Saarni und Rose-Krasnor vertreten die Auffassung, dass Emotionen in soziale Transaktionen einzubetten sind. Das machen beispielsweise die Fertigkeiten 2 bis 5 bzw. die Indexebene deutlich. Allerdings beanstandet Salisch (2002: 44), dass diese zu abstrakt und unspezifisch bleiben. Wenn Saarni davon ausgeht, dass emotionales Verhalten bzw. emotionale Kompetenz nicht nur vom Individuum ausgeht, sondern ein transaktionaler Vorgang ist, so könnte man ihren Ansatz als sozial-konstruktivistisch bezeichnen (ebd.: 43). Auch wenn das Modell der ASK die Wechselwirkung zwischen emotionalen und sozialen Fertigkeiten deutlich macht und die Kommunikation in den Mittelpunkt stellt, ist kritisch anzumerken, dass das Konzept der ASK die Kompetenz des Individuums ausschließlich in seinen eigenen Fähigkeiten und Fertigkeiten verortet und die Rolle des Gegenübers bzw. verschiedener Umwelteinflüsse mehr oder weniger außer Acht lässt.
Während Saarni keine Hinweise darauf gibt, wann und wie sich die einzelnen Basisfertigkeiten ihres Konzepts emotionaler Kompetenz entwickeln, strukturieren Halberstadt, Denham und Dunsmore ihr Konzept der ASK anders. Laut Autorinnen und Autoren entwickeln sich die jeweiligen Fertigkeiten der drei Komponenten in oben aufgezeigter Abfolge (Salisch 2002: 41). Das bedeutet, dass die Aneignung der jeweiligen höheren Fertigkeit nur möglich ist, wenn das Individuum die vorherige wenigstens ansatzweise erlernt hat. Dies würde Piagets Entwicklungsmodell in Stufenform entsprechen (siehe *2 Das Bild vom Kind und seine Rolle in Bildungsprozessen*). Ob das im Sinne eines zeitgemäßen Verständnisses des Bildes vom Kind ist oder überdacht werden sollte, gilt es an dieser Stelle

kritisch zu hinterfragen.

Allen Konzepten ist gleich, dass sie Emotionen – ob in intra- oder interindividuellen Vorgängen – als wichtige Voraussetzung für gelingende soziale Beziehungen betrachten. So macht es durchaus Sinn auch die Modelle von Rose-Krasnor bzw. Halberstadt, Denham und Dunsmore unter dem Konzept emotionaler Kompetenz zu lokalisieren, obwohl sie den Terminus Emotion in ihren Titeln nicht explizit erwähnen.

### 3.2.2 Entwicklung der emotionalen Kompetenz

Wie bereits festgestellt, sind die ersten sechs Lebensjahre sehr bedeutsam für die kindliche Entwicklung, so auch für die emotionale. Während soziale Interaktionen vor dem Eintritt in eine Kindertageseinrichtung meist auf Familie, Verwandte und nahe Freunde beschränkt ist und das Kind von seinen Bezugspersonen in der Regel in seiner emotionalen Entwicklung unterstützend begleitet wird, ist es mit dem Eintritt in eine Kindertageseinrichtung herausgefordert, neue Fähigkeiten und Fertigkeiten außerhalb des geschützten familiären Rahmens eigenaktiv auszubilden, um so auch zukünftige Aufgaben bewältigen zu können. Das Kind muss den Umgang mit eigenen und fremden Emotionen in sozialer Interaktion mit pädagogischen Fachkräften und Gleichaltrigen erst noch erlernen.

Weil der Erwerb emotionaler Kompetenzen eine bedeutende Grundlage für weitere Entwicklungsaufgaben ist, gilt er als eine enorm wichtige Aufgabe in der frühkindlichen Entwicklung (Mayer, Heim und Scheithauer 2007: 65). Immer mehr wird aus

„dem Kleinkind, das bei jeder Emotionsepisode noch der Unterstützung seiner Bezugspersonen bedarf, [...] ein Kind, das seine Handlungen mittels seiner Emotionen und Volitionen selbstständig regulieren kann, ebenso wie es auch seine Emotionen bereits willkürlich in gewissen Grenzen beeinflussen kann“ (Holodynski 2006: 85).

Der Entwicklungsverlauf der unter *3.2 Die emotionale Kompetenz* aufgeführten Komponenten emotionaler Kompetenz kann zwar auf unterschiedlichen Altersstufen beginnen, verläuft dann aber meist analog, wobei sich die Komponenten gegenseitig beeinflussen (Petermann und Wiedebusch 2003: 27f.).

Nach Holodynski (2006: 84) lässt sich die emotionale Entwicklung in fünf Phasen untergliedern, wobei aus gegebenem Anlass der vorliegenden Arbeit nur die ersten bei- den Entwicklungsphasen im Alter von null bis zwei Jahren bzw. vom dritten bis zum sechsten Lebensjahr betrachtet werden. Im Folgenden sollen diese vorgestellt werden. Wichtig ist auch hier, dass die Beschreibungen der Alters- und Entwicklungsangaben lediglich als Meilensteine und nicht als fixe, unveränderbare Altersangaben zu verstehen sind (siehe *3.1 Die soziale Kompetenz*).

**(a) Die Entwicklung von Emotionen und sprachlichem Emotionsausdruck**

Geht man, wie Sroufe (1996), Saarni oder Rose-Krasnor, davon aus, dass Emotionen für das Individuum sinn- und zweckgebunden sind, so lässt sich schlussfolgern, dass ein Säugling anfangs noch keine Gefühle in diesem Sinne besitzt, weil Säuglinge weder den Zusammenhang von Motiv und Emotionsanlass erkennen, ihre Handlung gezielt auf einen Emotionsanlass ausrichten, noch über ein eigenständiges Repertoire an Bewältigungsmustern und –strategien verfügen (Holodynski 1999: 34). Vielmehr verfügt das Neugeborene zu Beginn über ein bipolares emotionales Erleben, welches sich in Distress und Zufriedenheit spaltet und sich im Entwicklungsverlauf des Kindes weiter ausdifferenziert (Holodynski 1999:

34). Ein Kind kommt demnach nicht als ein „unbeschriebenes Blatt" zur Welt, sondern mit einer Grundausstattung an emotionalen Fertigkeiten, die es ihm ermöglicht, sich und seine Umwelt forschend zu entdecken und sich in ihr zurechtzufinden.
Allgemein anerkannt ist, dass sich aus diesem bipolaren Emotionserleben etwa ab dem dritten Monat die bereits benannten Basisemotionen bzw. primären Emotionen entwickeln (Petermann und Wiedebusch 2003: 29). Zu diesen zählen Freude, Überraschung, Angst, Ärger und Traurigkeit (ebd.: 29). Charakteristisch für diese sind einfach auslösende Bedingungen und dass keine weitere Emotion als Komponente beteiligt ist (Petermann und Wiedebusch 2008: 33). Sie sind in verschiedenen Kulturen zu beobachten und bereits bei Säuglingen im Ausdruck festzustellen (Petermann und Wiedebusch 2003: 29).
Die auf die sich im ersten Lebensjahr entwickelnden Basisemotionen folgenden komplexeren, sekundären (= selbstbezogenen) Emotionen (z.B. Eifersucht, Scham, Stolz) entfalten sich etwa ab dem zweiten Lebensjahr (Petermann und Wiedebusch 2008: 33). Weil für das Erleben dieser Emotionen Kenntnisse über sozial anerkannte Verhaltensstandards und –regeln nötig sind, das Individuum außerdem einen Zusammenhang zwischen dem eigenen Verhalten und diesen Standards und Regeln herstellen muss, benötigt es hierzu die Fähigkeit der Selbstreflexion (Lewis, 2014, Denham, 1998, zit. in Klinkhammer und Salisch 2015: 36f.).
Neben dem mimischen gewinnt der verbale Emotionsausdruck für das Kind zunehmend an Bedeutung. So misst Saarni (2002: 17) dem sprachlichen Emotionsausdruck (u.a. Schlüsselqualifikation 3) besondere Bedeutung bei. Im Austausch mit Interaktionspartnerinnen und Interaktionspartner kann das Kind die eigene momentane

Gefühlslage teilen. Im gemeinsamen Austausch kann das Kind gemäß der Zone der nächsten Entwicklung von deren (geringfügig) weitreichenderem Erfahrungs- und Wissensbestand profitieren und so seine Situation besser verstehen und differenzieren lernen. Auch hier wird deutlich, wie wichtig Interaktionspartnerinnen und Interaktionspartner für die Ausbildung und Erweiterung emotionaler Fertigkeiten sind.

Ab einem Alter von 18-20 Monaten erfährt das Kind in der Regel einen enormen Schub in seiner Sprachentwicklung und nutzt immer mehr Emotionswörter (Underwood, 1997b, zit. in Petermann und Wiedebusch 2008: 42f.). Der sprachliche Aus- tausch über die eigenen und fremden Emotionen ermöglicht zusätzlich die Entwicklung emotionaler Perspektivübernahme (Frank 2008: 26), die nun stetig erweitert und verfeinert wird. Hier fällt auf, dass diese wesentlich früher auftreten kann, als von Piagets Stufenmodell auszugehen wäre (siehe *Anhang 1: Beschreibung des Stufenmodells der kognitiven Entwicklung nach Jean Piaget*).

Ab etwa drei Jahren ist sich das Kind über Ursachen und Folgen primärer Emotionen bewusst, ab einem Alter von vier bis fünf kann das Kind Emotionen benennen und entsprechenden Situationen zuordnen (und umgekehrt) und im Alter von sechs Jahren hat es bereits ein Verständnis über komplexere Gefühle (Frank 2008: 26f.). Das Kind hat inzwischen gelernt, dass es das innere Erleben einer Emotion und das Aus- drücken der selbigen voneinander trennen kann, was bedeutet, dass es in der Lage zum Vorspielen oder Vortäuschen von Emotionen ist, die es momentan nicht empfindet (ebd.: 26f.).

Weil Kinder an Modellen (= Nachahmung des Verhaltens anderer) und in sozialen Beziehungen lernen (Bandura 1979: 31), hat es im gesamten eben beschriebenen Entwicklungsverlauf die Möglichkeit, in Ko-Konstruktion mit Peers oder mit Erwachsenen seine Fähigkeiten und Fertigkeiten stets zu erweitern und zu verfeinern. Dabei kann es, gemäß Wygotskis Zone der nächsten Entwicklung, von einem Gegenüber, das bereits über (geringfügig) mehr Fertigkeiten und Kenntnisse verfügt, lernen.

**(b)Das zunehmende Emotionswissen und –verständnis**

Das Kind erlangt ein zunehmendes Emotionsverständnis, welches u.a. das Wissen über Ursachen bestimmter Emotionen oder Merkmale des Emotionsausdrucks bei sich und anderen, aber auch die Anwendung dieser Kenntnisse in sozialen Interaktionen beinhaltet (Petermann und Wiedebusch 2003: 39f., Saarni 2002: 8f., 10f.). Dieses Wissen kann als Grundlage und Voraussetzung für die Entwicklung des mimischen und sprachlichen Emotionsausdrucks betrachtet werden (Mayer, Heim und Scheithauer 2007: 67). Denn einem Kind, das über ein (umfangreiches) Wissen von Emotionen verfügt, fällt es leichter, diese in Worte zu fassen und anderen mitzuteilen. Dem Kind jedoch, das über geringere sprachliche Fertigkeiten verfügt, wird es schwerer fallen, eigene Bedürfnisse und Emotionen zu verbalisieren. (ebd.: 67)

Das Emotionswissen und -verständnis gilt außerdem als Voraussetzung für den Auf- und Ausbau von prosozialem Verhalten und Empathie (Izard et al., 2002, zit. in Mayer, Heim und Scheithauer: 67), ebenso ist es Basis für die Entwicklung der Emotionsregulation (ebd.: 68).

Weil man davon ausgeht, dass sich bei Kinder im Alter von zwei bis fünf Jahren viele Verbindungen zwischen Kognition und Emotion bilden, gilt diese Phase als besonders bedeutend für den emotionalen Entwicklungsverlauf (Mayer, Heim und Scheithauer: 67f.).

### (c) Die Entwicklung der Emotionsregulation

Bei der Komponente Emotionsregulation unterscheiden die Forscherinnen und Forscher zwischen der interpsychischen und der intrapsychischen Regulation der Gefühlswelt (u.a. Holodynski 1999: 35).

Im Säuglingsalter (0-18 Monate) erfahren Kinder sich und ihre Umwelt noch nicht durch Sprache oder Symbolik, sondern, gemäß Piagets Stufenmodell (siehe *Anhang 1: Beschreibung des Stufenmodells der kognitiven Entwicklung nach Jean Piaget*), sensomotorisch, durch Wahrnehmungen und Handlungen. Zunächst ist ein Säugling auf externe (= interpsychische) Emotionsregulation von Bezugspersonen angewiesen (Holodynski 2006: 84). Durch Interpretation und Reaktion auf den kindlichen Emotionsausdruck ersetzt diese die noch nicht ausgebildeten Teile des emotionalen Regulationssystems des Säuglings (ebd.: 84). Durch die soziale Interaktion mit der Bezugsperson hat der Säugling die Möglichkeit, den eigenen Handlungsspielraum mit zunehmendem Alter zu erweitern (Petermann und Wiedebusch 2003: 62). Erste eigene Bewältigungsstrategien können u.a. Beruhigung durch Nuckeln oder Herbeirufen der Bezugsperson mittels Weinen sein. In dieser Entwicklungsphase ist die soziale Bezugnahme (social referencing) von großer Relevanz: Mithilfe des Emotionsaus- drucks seiner Bezugsperson, sowie deren Reaktion auf sein Verhalten lernt das Kind, Situationen zu beurteilen und einzuschätzen (Petermann und Wiedebusch 2008: 73ff.)

Weil die Emotionsregulierung des Kindes mit Hilfestellung von Bezugspersonen einen zunehmenden Wechsel von inter- zu intrapsychischen Strategien erfährt, versteht Holodynski (2006: 122f.) diesen Prozess als Zone der nächsten Entwicklung. Denn das Kind lernt stetig, Emotionen selbstständig, z.B. durch Rückzug aus emotional belastenden Situationen, ohne Rückversicherung und unter Gebrauch kognitiver Strate- gien zu regulieren (Petermann und Wiedebusch 2008: 78f., Siegler, DeLoache und Eisenberg: 547). Dabei eignet sich das Kind mit steigender Tendenz die Fähigkeit an, die eigenen Absichten mit denen des sozialen Umfelds, mit sozialen und kulturellen Regeln und Normen abzustimmen und die Absicht des Gegenübers in sein Handeln einzubeziehen (Holodynski 2006: 85).

## 3.3 Die Bedeutung der sozial-emotionalen Kompetenz für das Kind

Wie vorangegangene einzelne Kompetenzmodelle sozialer und emotionaler Kompetenz oder die Entwicklung sozialer bzw. emotionaler Fertigkeiten zeigen, stehen die emotionale und die soziale Entwicklung des Kindes in engem Zusammenhang. Erste Hinweise darauf geben beispielsweise das Konzept Rose-Krasnors, dessen Fundament (Fertigkeitsebene) Emotionen und individuelle Motivation bilden (Salisch 2002: 38), oder das Windrad-Modell von Halberstadt, Denham und Dunsmore, das besonders die Zusammenhänge von sozialen und emotionalen Fertigkeiten für gelingende Kommunikationsprozesse hervorhebt (Salisch 2002: 39–42). Der Anspruch von James Gross und Ross Thompson, Emotionen in sozialen Interaktionen zu verorten (Klinkhammer und Salisch 2015: 12), ist ein weiteres Indiz dieser Annahme.

Aus eigener Erfahrung weiß jede und jeder, dass Gefühle oft das eigene Handeln bestimmen. Gefühle sind die Basis für aggressives Verhalten, Empathie und prosoziales Verhalten. Wissen und Kenntnisse um diese, um eigene Emotionen haben verschiedene Vorteile für das Kind. Zunächst kann das Wissen um den eigenen emotionalen Zustand, wie es Saarni unter Schlüsselqualifikation 1 oder Halberstadt, Denham und Dunsmore unter Fertigkeit 1 beschreiben, dazu beitragen, die eigene Ich-Identifikation und Persönlichkeitsentwicklung zu unterstützen. Oerter (2008: 220f., 230f.) schreibt dazu, dass das Kind sich in seiner Entwicklung immer mehr als eigen-ständige Persönlichkeit mit eigenen Gefühlen und Gedanken erfahren darf und sich von anderen abgrenzt. Dieser emotional stabile Zustand führt dann zu einem gesunden Selbstvertrauen und Ich-Bewusstsein, macht das Kind damit offener, mit Neugier eigenaktive Erfahrungen in seiner Welt zu machen (Pfeffer 2012: 14).

Das Wissen um eigene Gefühle in Abgrenzung zu anderen machen weiter Saarnis Schlussfolgerungen stichhaltig, wenn sie schreibt, dass eine hohe emotionale Kompetenz im Sinne der Schlüsselqualifikation 4: *Fähigkeit zur Empathie* dem Kind ermöglicht, sich in das Gegenüber einzufühlen und deren oder dessen Situation/Gefühlslage nachvollziehen zu können (= Perspektivübernahme) (Saarni 2002: 18f.). Diese Fertigkeit, die u.a. Eisenberg und Harris oder Caldarella und Merrel (Basisfertigkeit 1) in ihren Konzepten sozialer Kompetenz beschreiben, kann dem Kind helfen, sein Verhalten besser auf das anderer abzustimmen, darauf einzugehen und entsprechend zu handeln.

Betrachtet man diese wenigen Beispiele, wird deutlich, was eine Vielzahl von Studien beweisen konnte, nämlich dass eine hohe emotionale Kompetenz eine höhere soziale Kompetenz, zusätzlich größere Anerkennung durch Gleichaltrige mit sich bringt (Oerter 2008: 258, Petermann und Wiedebusch 2003: 20f.). Das emotional kompetente Kind hat folglich weniger soziale Probleme mit Gleichaltrigen. Izard und Kolleg_innen (2001) konnten dazu in einer

Längsschnittstudie nachweisen, dass Fünfjährige, die den mimischen Emotionsausdruck anderer richtig erkennen und deuten können, auch langfristig ein positives Sozialverhalten zeigen und mehr Kontakte zu Gleichaltrigen haben als diejenigen, deren Fähigkeiten noch nicht so weit entwickelt waren (Petermann und Wiedebusch 2003: 22). Dieser soziale Kontakt wiederum ist der weiteren Entwicklung sozialer und emotionaler Kompetenzen förderlich.

Die Schlüsselqualifikation 7 nach Saarni oder auch das Windradmodell nach Halberstadt, Denham und Dunsmore zeigen, wie wichtig die Art und Weise der Kommunikation von Gefühlen in sozialen Beziehungen ist. Während richtig interpretierte Gefühle oder das Wissen darüber, welche persönlichen Gefühle zu kommunizieren sind und welche nicht, einen gelingenden Austausch unterstützen, kann das Gegenteil ein Aneinander-Vorbeireden, Missverständnisse oder Aggressionen zur Folge haben (Pfeffer 2012: 14).

Eisenberg und Kolleg_innen (1997) konnten zudem nachweisen, dass Kinder, die über die Fähigkeit der Emotionsregulation verfügen, auch längerfristig sozial kompetenter wirken (Oerter 2008: 259). Gleichzeitig hebt Smith (2001) an dieser Stelle die Wechselseitigkeit emotionaler Kompetenz und dem sozialen Status hervor. So wurde festgestellt, dass eine höhere Akzeptanz von Gleichaltrigen (z.B. durch Einbezug in Spiele, Beliebtheit) eine höhere emotionale und soziale Kompetenz betroffener Kinder zur Folge hat (Petermann und Wiedebusch 2003: 23).

Verfügen Kinder nicht über diese beispielhaft skizzierten oder andere Fertigkeiten, kann sich das negativ auf ihre emotionale und soziale Entwicklung auswirken. Eine Arbeitsgruppe um Eisenberg konnte feststellen, dass eine mangelnde Fertigkeit zur Emotionsregulation schwache soziale Kompetenz, aggressives Verhalten und oft sogar externalisierende Verhaltensstörungen zur Folge haben

kann (Petermann und Wiedebusch 2003: 24).
All diese Beispiele zeigen, wie ungemein wichtig die unterstützende Begleitung dieser essenziellen Entwicklungsprozesse und –zusammenhänge ist. Gleichzeitig macht die Wechselwirkung zwischen sozialen und emotionalen Fertigkeiten deutlich, dass eine ganzheitliche Unterstützung notwendig ist, um diese vielschichtigen Entwicklungsprozesse optimal zu begleiten.

## 3.4 Zwischenfazit

Nachdem sich der Text eingehend mit der sozialen, der emotionalen Kompetenz, sowie Zusammenhängen beschäftigt hat, gilt es nun, ein erstes Fazit zu ziehen, das die wichtigsten Erkenntnisse und Ergebnisse zusammenfasst.
Wie die Darstellung der unterschiedlichen Konzepte der sozialen und der emotionalen Kompetenz zeigt (siehe *2.2.1 Dimensionen der sozialen Kompetenz* und *2.3.1 Dimensionen der emotionalen Kompetenz*), ist eine allgemeingültige Definition der Ter- mini nicht vorhanden. Was soziale oder emotionale Kompetenz ausmacht und was nicht, orientiert sich am (wissenschaftlichen) Kontext oder an gesellschaftlichen Vorstellungen und Normen.
Dass es sich sowohl bei den Konzepten der sozialen als auch der emotionalen Kompetenz um ein multidimensionales Konstrukt handelt, machen mehrere Aspekte deutlich: Es fällt auf, dass die jeweiligen Kompetenzmodelle zwar eine Reihe an Fertigkeiten und Fähigkeiten benennen, die soziale bzw. emotionale Kompetenz ausmachen, diese jedoch oft nicht genauer definieren. Außerdem werden diese noch einmal in verschiede Unterkategorien differenziert, die zusätzlich in unterschiedlichen Ausprägungen vorhanden sein

können. Dennoch kann man anhand von Überschneidungen der einzelnen Konzepte auf grundlegende Fähig- und Fertigkeiten sozialer und emotionaler Kompetenz schließen. Zur sozialen Kompetenz zählen beispielsweise Empathie, Anpassungsfähigkeit des Individuums, Selbstkontrolle und –management oder Kooperationsbereitschaft (siehe *3.1.1 Dimensionen der sozialen Kompetenz*). Konzepte der emotionalen Kompetenz erwarten grundsätzlich von einem als emotional kompetent bezeichnetem Kind, dass es mit eigenen und fremden Emotionen angemessen umgehen kann, also über ausreichend Wissen und Fertigkeiten in den drei oben beschriebenen Komponenten emotionaler Kompetenz verfügt (siehe *3.2.1 Dimensionen der emotionalen Kompetenz*).
Weil es vermutlich einfacher ist, nicht kompetentes – und damit in der Gesellschaft nicht erwünschtes – Verhalten zu benennen als wirklich kompetentes, könnte eine Gefahr bei der Verwendung solcher Kompetenzmodelle darin bestehen, die darin enthaltenen Fähig- und Fertigkeiten als Kriterienkatalog zu idealisieren, entsprechend hohe Erwartungen zu haben und sich an sogenannten Defiziten zu orientieren, da ein Kompetenzkatalog Fähig- und Fertigkeiten vorgibt, die man können muss. Ein fehlen- des einheitliches Verständnis lässt vermuten, dass es schwierig ist, zu einem Konsens zu kommen. Um Unstimmigkeiten oder Missverständnisse zu vermeiden, sollte dieser im Vorfeld von dem Personenkreis, der sich mit der jeweiligen Kompetenz beschäftigt, geklärt werden. Zudem sollte man die Modelle als Anhaltspunkte, keinesfalls als Idealbilder betrachten.
Der Zusammenhang zwischen sozialer und emotionaler Kompetenz, außerdem die enorme Wichtigkeit bestimmter Fähig- und Fertigkeiten für das Kind sind nicht von der Hand zu weisen. Wie aus-

schlaggebend und wegweisend das frühkindliche Alter für die sozial-emotionale Entwicklung ist (Mayer, Heim und Scheithauer 2007: 68, 70), wurde mehrfach deutlich.
Zum Schluss soll noch erwähnt werden, dass zwar immer pauschalisierende und grundlegende Aussagen zu Entwicklungsabläufen und Zusammenhängen zwischen sozialer und emotionaler Kompetenz getroffen werden können, man dennoch jedes Kind/jede Person in diesen Prozessen und in der jeweiligen sozialen Konstellation für sich betrachten muss. So konnte nachgewiesen werden, was in den obigen Beschreibungen immer wieder angeklungen ist, nämlich dass beispielsweise das kindliche Temperament (Mayer, Heim und Scheithauer 2007: 75–77), die Sprachentwicklung (ebd.: 78), die Erwachsenen-Kind-Interaktion (ebd.: 78–80) oder die Peer-Beziehungen (ebd.: 81–83) Einfluss auf Entwicklungsverläufe nehmen. Dementsprechend ist es wichtig, Beobachtungen des kindlichen Verhaltens im Alltag dahingehend auszurichten, über welche Fähig- und Fertigkeiten es bereits verfügt und wo es in welcher Weise noch Hilfestellung benötigt.

# 4 Partizipation in Kindertageseinrichtungen

Aktuelle Diskussionen um Partizipation im bildungspolitischen und pädagogischen Bereich haben ihren Ursprung in den 1970er Jahren. So ließen beispielsweise die Vertreter des sogenannten Situationsansatzes Kinder umfassend und nachhaltig an Entscheidungen und Entscheidungsprozessen gemeinsam entwickelter Projekte teil- haben (Danner 2012: 40). In den 1990er Jahren regten die Pädagogen Lothar Klein und Herbert Vogt Kolleginnen und Kollegen an, Partizipation ausgehend vom Denken und Handeln des Kindes, sprich kindzentriert, in die Tat umzusetzen (ebd.: 40).
Was zu diesen Zeiten allerdings auf wenig Resonanz und Akzeptanz stieß, soll mehr und mehr Realität und die Regel in deutschen Bildungsstätten werden. Seit einigen Jahren lässt sich der Begriff Partizipation als fester Bestandteil in Konzeptionen vieler Einrichtungen finden. Diverse Gesetze (u.a. Art. 12, 13 KRK, §§ 22, 45 Abs. 2 SGB VIII) verpflichten deutsche Bildungseinrichtungen, zu denen auch die Kindertageseinrichtung zählt, zur Ermöglichung von Partizipation der Kinder. Ebenso fordern Bildungs- und Orientierungspläne bzw. Bildungsempfehlungen verschiedener Bundesländer pädagogische Fachkräfte dazu auf, die Möglichkeit zur Mitbestimmung zum festen Bestandteil und Charakteristikum des pädagogischen Alltags zu machen (KM 2011: 18).
Das Ausmaß der Diskussionen, der häufige Gebrauch des Begriffs, sowie der Versuch und Wunsch gelingender Umsetzung lassen auf Relevanz und Wichtigkeit von Partizipation schließen. Daher ist es erforderlich, zunächst ein klares Verständnis für die Bedeutung von Partizipation in Kindertageseinrichtungen zu schaffen. Hierzu soll zuerst eine Annäherung an den Begriff Partizipation vorgenommen

werden, wobei der Fokus schon hier auf Partizipation in Kindertageseinrichtungen liegen wird. Anschließend werden bereits vorhandene bzw. mögliche Formen der Partizipation in Kindertageseinrichtungen vorgestellt. Danach wird der Frage nachgegangen, welche Bedeutung, welchen Sinn und Zweck Partizipationsprozesse im Bildungsprozess des Kindes haben. Nach diesen Überlegungen soll ein Fazit zum Themenbereich Partizipation die wichtigsten Ergebnisse noch einmal zusammenfassen.

## 4.1 Annäherung an den Begriff Partizipation

Das Wort Partizipation leitet sich vom lateinischen Verb *participare* ab und bedeutet übersetzt *teilhaben*, *teilnehmen* oder *beteiligt sein* (Regner und Schubert-Suffrian 2011: 10). In vorliegender Arbeit wird daher neben dem Begriff Partizipation der Begriff Beteiligung synonym verwendet.

Ab den 1970er Jahren gewann der Begriff Partizipation, ebenso verwandte Begriffe wie Teilhabe oder Mitbestimmung, stetig wachsend an Bedeutung bis hin zu einem schon inflationären Gebrauch (Scheu und Autrata 2013: 11). In seiner ursprünglichen Verwendung meint Partizipation im gesellschaftspolitischen Kontext zunächst das Recht der Mitglieder eines Vereins, einer Organisation oder einer Gruppe auf Teilnahme an Wahlen und weitere unterschiedliche aktive Möglichkeiten der Meinungsbildung und –äußerung (Lenz 2006: 13, Schubert und Klein 2016: 233). Konkret versteht man darunter das Anhören von Menschen beispielsweise bei Planungen sowie das Zulassen und Ernstnehmen deren Wünsche, Ziele und Interessen in für sie relevanten Prozessen der Entscheidungsfindung oder Willensbildung (Lenz 2006: 13). Die Forderung nach Partizipation betrifft allerdings nicht nur den Bereich der Politik, sondern weitere Lebensbereiche, wie beispielsweise den wirtschaftlichen oder den Bildungssektor (Sturzbecher und Hess 2005: 41). Laut dem ehemaligen Leiter des ersten deutschen Kinderbüros Schröder meint Partizipation beispielsweise allgemein, „Entscheidungen, die das eigene Leben und das Leben der Gemeinschaft betreffen, zu teilen und gemeinsam Lösungen zu finden“ (Schröder 1995: 14).

Scheu und Autrata (2013: 7) stellen fest, dass trotz vorhandener Definitionen und Definitionsversuche Partizipation im Bereich der Erziehungs- und Sozialwissenschaften zwar häufig genannt, die genaue Bedeutung meist jedoch wenig geklärt bleibt. Wolff (2016: 1053) weist ebenfalls darauf hin, dass die Nutzung des Terminus` verschiedene Vorstellungen und Auffassungen hervorruft, zudem breit interpretierbar ist und somit ein Sammelbegriff für demokratisch begründete Formen der Mitwirkung, Mitbestimmung und Selbstbestimmung ist.

In Anlehnung an die Arbeit von Roger Hart (1992) und Wolfgang Gernert (1993) entstand ein Stufenmodell, das darum bemüht ist, oben genannte Kritik ernst zu nehmen und Klarheit über den Begriff Partizipation schaffen soll. Die Relevanz dieses Stufenmodells für ein Verständnis von Partizipation lässt sich mit der Auseinandersetzung und Verwendung zahlreicher Autoren, beispielsweise bei Regner und Schubert-Suffrian (2011: 13–15), Schröder (1995: 16f.) oder Wolff (2016: 1054f.) beweisen.

Stufen der Beteiligung nach Roger Hart (1992) und Wolfgang Gernert (1993)

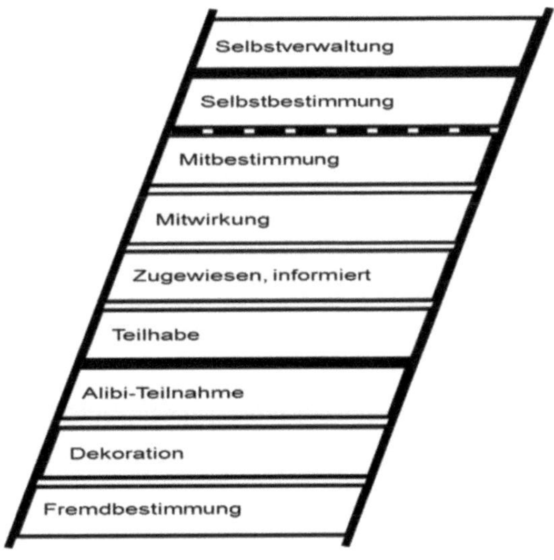


Abbildung 5: Stufen derBeteiligung nach Hart und Gernert (Schröder 1995: 16); Aufbereitung durch die Verfasserin.

Zum besseren Verständnis sollen die einzelnen Stufen, wenn möglich, mit einem jeweiligen Beispiel erläutert werden (Regner und Schubert-Suffrian 2011: 13–15, Schröder 1995: 16f., Wolff 2016: 1054f):

**Stufe 1: Fremdbestimmung**

Die Interessen, Wünsche und Forderungen der Zielgruppe (Kinder) sind nicht von Bedeutung. Entscheidungsträger außerhalb der Zielgruppe (pädagogische Fachkräfte, Eltern) treffen Entscheidungen und deren Interessen stehen im Fokus. Die Zielgruppenmitglieder nehmen möglicherweise an Veranstaltungen teil, sind jedoch über Intention und Absichten selbiger nicht informiert. Weil die Kinder zur Ausführung oder Unterlassung einer Handlung angewiesen werden, ließe sich auch von Manipulation sprechen. Beispielhaft könnte man hier das Einsetzen von Kindern als Plakatträgerinnen und Plakatträger auf Demonstrationen für elterliche Zwecke anführen, bei denen die Kinder nicht wissen, worum es geht.

**Stufe 2: Dekoration**

Pädagogische Fachkräfte/Erwachsene initiieren Veranstaltungen oder Projekte. Die Kinder wirken zwar an diesen mit (beispielsweise an einer Veranstaltung für wohltätige Zwecke), wissen jedoch nicht, worum es dabei geht.

**Stufe 3: Alibi-Teilnahme**

Die Kinder haben die Möglichkeit beispielsweise an Versammlungen oder Konferenzen (z.B. Kinderparlament, Kinderkonferenz) teilzunehmen. Sie haben zwar ein Mit- spracherecht, die letztendliche Entscheidungsgewalt liegt jedoch bei den Erwachsenen.

**Stufe 4: Teilhabe**

Kinder können an Veranstaltungen, Projekten oder Maßnahmen nicht nur teilnehmen, sondern sich gelegentlich einbringen.

**Stufe 5: Zugewiesen, aber informiert**

Pädagogische Fachkräfte initiieren aufgrund ihrer pädagogischen und professionellen Meinung ein Projekt, das sie gemeinsam mit den Kindern bearbeiten werden. Dabei informieren sie die Kinder so gut, dass diese wissen, was Ziel und Zweck davon ist. Dazu zählen beispielsweise Projekte zu verschiedenen Themen (gesunde Ernährung, Märchen, Freundschaft).

**Stufe 6: Mitwirkung**

Kinder werden zu bestimmten Belangen nach ihrer Meinung gefragt. Bei der Konkretisierung und Umsetzung von Maßnahmen liegt die letztendliche Entscheidungskraft bei den Erwachsenen.

**Stufe 7: Mitbestimmung**

Die pädagogischen Fachkräfte sprechen den Kindern ein Beteiligungsrecht zu. Die tatsächliche Beteiligung gibt ihnen ein Gefühl der Zugehörigkeit und Mitverantwortlichkeit. Zwar kommen Vorschläge immer noch von Erwachsenen, jedoch werden Entscheidungen mit den Kindern in einer gleichberechtigten Partnerschaft und demokratisch ausgehandelt.

**Stufe 8: Selbstbestimmung**

Hier werden die Kinder zu Initiatoren und Initiatorinnen von Projekten. Pädagogische Fachkräfte haben nicht mehr die Entscheidungsgewalt, sondern sind unterstützend und begleitend tätig.

**Stufe 9: Selbstverwaltung**

Anregung und Durchführung eines Projekts oder einer Maßnahme gehen von der Zielgruppe aus. Die Verantwortung liegt bei der Zielgruppe, die auch Entscheidungen eigenverantwortlich und selbstständig trifft.

Im Hinblick auf gesellschaftspolitische oder anderweitige Definitionen, auf das eben vorgestellte und erläuterte Stufenmodell der Beteiligung und wohl berechtigte Kritik der Fachleute wird deutlich, wie verständlich die Forderung nach einem gemeinsamen Partizipationsverständnis als gemeinsame Arbeits- und Handlungsbasis im Bereich der Frühpädagogik ist.

Anhand der obigen Beschreibungen lassen sich mehrere Schlüsse für ein besseres Verständnis von Partizipation ziehen. Nach dem Stufenmodell der Partizipation ist Beteiligung nicht immer gleich Beteiligung. Liegt die Entscheidungskraft auf den ersten drei Stufen des Modells ausschließlich außerhalb der Zielgruppe, geht Stufe 9 schon über Beteiligung hinaus. Ausgehend von eben beschriebenen Möglichkeiten des Partizipierens handelt es sich also um ein Kontinuum unterschiedlicher Niveaus zwischen Fremdbestimmung und Selbstbestimmung. Weil Kinder unterschiedliche Bedürfnisse haben, außerdem die Wünsche, Interessen und Ambitionen der verschiedenen Altersgruppen nicht zwangsläufig dieselben sein müssen, ist es nach Schröder (1995: 18) essenziell, die verschiedenen Formen der Beteiligung unterscheiden und auf die jeweilige Zielgruppe entsprechend anwenden zu können.

Geht man, wie Lenz oder Schubert und Klein weiter oben, davon aus, dass Partizipation jedem Menschen das Recht gibt, an der Gestaltung der ihn betreffenden Angelegenheiten teilzunehmen, ist Beteiligung folglich ein Instrument zur Wahrung und Umsetzung des demokratischen Gedankens eines Staats, einer Einrichtung oder Institution. Lenz (2006: 13) bemerkt an dieser Stelle jedoch, dass die Zielsetzung dieser Teilnahme (offen oder konformistisch) ungeklärt bleibt und von den jeweils involvierten Personen abhängig ist. Hier liegt es an beteiligten Personen, kritisch und offen zu hinterfragen, inwieweit Maßnahmen, die man als Möglichkeit des Partizipierens betrachtet und plant bzw. umsetzt, wirklich allen Betroffenen die Teilnahme an Entscheidungsprozessen erlauben oder doch mehr Schein sind und dementsprechend überdacht werden sollten.

Nach dem Stufenmodell nach Hart und Gernert lässt sich eine „gute" und gelingende Beteiligung durch vier Merkmale charakterisieren: Die Kinder wirken freiwillig mit einer ihnen bewussten Mitverantwortung und einem ihnen bewussten Pflichtbewusstsein, durch unterstützende Begleitung der pädagogischen Fachkräfte, die sich in einer gleichberechtigten Partnerschaft mit den Kindern sehen, an gemeinsam gefassten und transparenten Zielen in für alle fassbaren und übersichtlichen Prozessen mit (Schröder 1995: 17). Nach Scheu und Autrata (2013: 243) impliziert dies, dass Beteiligungsmöglichkeiten auf aktiven, willentlichen und verantwortungsbewussten Handlungen beruhen. Davon ausgehend konstatieren Scheu und Autrata (ebd.: 243) wiederum, dass echte Partizipation Handlungsalternativen, also Entscheidungsfreiheit, bereithalten muss. Außerdem ist Partizipation ein interaktiver Prozess, der durch Kommunikation zwischen den Beteiligten geprägt ist. Darauf weisen beispielsweise die Worte „teilen“ und „gemeinsam“ in Schröders Definition hin (Schröder 1995: 14).

Beinhaltet Partizipation überdies die Thematisierung von Entscheidungen des eigenen Lebens (Schröder 1995: 14), so ist ein Ziel gelingender Partizipation, allen Beteiligten zu ermöglichen, eigene Interessen, Wünsche und Bedürfnisse äußern und vertreten zu können. Wenn Beteiligung zudem Entscheidungen, die das gemeinsame Leben betreffen, einschließt (ebd.: 14), lässt sich daraus folgern, dass Partizipation auf Partnerschaftlichkeit und auf sich gegenseitig wertschätzendem Dialog über betreffende Angelegenheiten beruht (Stamer-Brandt 2014: 90).

In der Verbindung von Entscheidungen, die das eigene Leben betreffen und das gleichzeitig das der Gemeinschaft, lässt sich eine gewisse Wechselseitigkeit und Abhängigkeit der verschiedenen Mitglieder eines Beteiligungsprozesses erkennen. Partizipation ist kein Thema, das im Alleingang erlebt oder bewältigt werden kann. Bei Partizipation geht es demzufolge nicht nur um Teilhabe, die einem selbst Zugänge und Entscheidungsbeteiligung erlaubt, sondern ebenfalls um Teilgabe, durch die das Individuum mithilfe eigener Fertigkeiten und Fähigkeiten den anderen teilnehmenden Personen die Beteiligung an für sie relevanten Prozessen ermöglicht. Partizipationsprozesse können folglich als Ko-Konstruktionsprozesse zwischen Kind und Kind bzw. Kind und erwachsener Person verstanden werden, in denen alle Beteiligten in gleichberechtigten Partnerschaften gemäß des jeweiligen Entwicklungsstandes und der Individualität unterstützend und helfend und/oder lernend tätig sein können. So erklärt sich neben der Teilhabe auch die Teilgabe, da in gelingenden Beteiligungsprozessen, die auf gegenseitigem

Respekt, auf gegenseitiger Achtung und Wertschätzung beruhen, sowohl Erfahrungen erweitert als auch weitergegeben werden können.

## 4.2 Beteiligungsformen in Kindertageseinrichtungen

Nach dieser ersten Annäherung stellt sich die Frage, wie Partizipationsmöglichkeiten umgesetzt werden können. Dabei lassen sich drei bereits vorhandene Beteiligungstypen voneinander abgrenzen.

Bei der projektbezogenen Beteiligung beschäftigen sich Kinder und Erwachsene mit einem vorher definierten Thema in einem zeitlich absehbaren Rahmen. Dabei kann die Idee des Themas von den Kindern, aber auch von den Erwachsenen ausgehen. Hierunter fallen beispielsweise räumliche Veränderungen oder Vorbereitungen eines Ausflugs. (Schröder 1995: 42). Da Partizipationsprojekte meist die Kreativität und gestalterische Tätigkeit, wie beispielsweise Malen, Bauen, Dekorieren, ansprechen und fokussieren, ermöglichen sie aktive Beteiligung der Kinder auch jenseits der verbalen Lautsprache (Bruner, Winklhofer und Zinser 2001: 14).

Offene Formen der Beteiligung schließen die einfachsten Formen der Beteiligung, wie den bekannten Morgen- oder Erzählkreis ein, aber auch Kinderversammlungen gehören dazu. Am Morgen- und Erzählkreis nehmen in der Regel. Kinder einer Stamm- gruppe teil. Hier haben sie die Möglichkeit, von persönlichen Erlebnissen und Gefühlen zu erzählen, eigene Anliegen vorzubringen und miteinander zu besprechen. Gemeinsam mit der erwachsenen Fachkraft können sie Erlebtes reflektieren, Zukünftiges planen und das gemeinsame Leben in der Gruppe regeln. Die Kinderversammlung hingegen steht allen Kindern der Einrichtung offen. Da eine solche Vollversammlung meist zu groß für konkrete Planungen ist, geht es in der Kinderversammlung um Themen, die einer grundsätzlichen Entscheidung bedürfen, wie beispielsweise Projekte oder Ausflüge. (Bruner, Winklhofer und Zinser 2001: 14, Danner 2012: 42)

Der Kinderrat oder das Kinderparlament gehören zu den repräsentativen Beteiligungsformen. Die Mitglieder (meist ältere oder besonders beliebte Kinder) werden von den Kindergruppen gewählt. Sie besprechen regelmäßig mit pädagogischen Fachkräften, der Einrichtungsleitung oder der Elternvertretung aktuelle Anliegen. (Danner 2012: 42) An dieser Stelle muss allerdings gefragt werden, ob diese Vorgehensweise allen beteiligten Kindern der Kindergruppen (z.B. jüngeren Kindern) nachvollziehbar ist (Bruner, Winklhofer und Zinser 2001: 14). Gerade wenn Kinder dabei sind, denen dieses Prinzip noch nicht verständlich ist, scheint es sinnvoll, die repräsentative Beteiligungsform nicht als die einzige zu verwenden.
So legen Bruner, Winklhofer und Zinser (2001: 14) besonderen Wert darauf, dass sich die unterschiedlichen Formen der Beteiligung nicht ausschließen sollten, sondern ergänzen können.

## 4.3 Partizipation im pädagogischen Alltag von Kindertageseinrichtungen

Im Anschluss an die Vorstellung bereits bestehender Beteiligungsformen stellt sich die Frage, welche Rolle Partizipationsmöglichkeiten in Bildungsprozessen des Kindes einnehmen. Dieser Frage soll im Folgenden nachgegangen werden.

Beim Betrachten der verschiedenen Bildungspläne bzw. Bildungsempfehlungen der Bundesländer lassen sich fünf Varianten vom Beteiligungsverständnis der Kindertageseinrichtungen ermitteln. Variante 1 bezeichnet die Kindertageseinrichtung als „Kinderstube der Demokratie“. Dementsprechend wird ausführlich erläutert, was unter Partizipation verstanden und wie sie in der Einrichtung umgesetzt wird. Grundlegend ist, dass das Recht der Kinder auf Partizipation institutionell verankert ist. Variante 2 befürwortet und fördert Partizipation der Kinder. Jedoch ist nicht geklärt, wann und wie sie umgesetzt wird oder inwieweit das Recht auf Teilhabe und –gabe institutionell verankert werden muss. Variante 3 nennt und befürwortet das Recht auf Partizipation, definiert allerdings weder den Umfang, noch die Form oder Verbindlichkeit des Prinzips. Variante 4 spricht den Kindern persönliche Meinungsäußerung zu, geht jedoch nicht näher auf deren Bedeutsamkeit und Wichtigkeit ein und Variante 5 behandelt Partizipation nicht ausdrücklich. (Danner 2012: 40f.)

Dass die einzelnen Bundesländer Partizipation unterschiedlich verstehen, aufgreifen und handhaben, es folglich kein einheitliches Verständnis von Beteiligung gibt (Stamer-Brandt 2014: 89), macht es umso deutlicher, hervorzuheben, welche Bedeutung ein klares Verständnis gelebter Partizipation in Kindertageseinrichtungen haben sollte.

Nach §§ 28 und 29 KRK sind Kinder Träger ihnen eigener Rechte, wozu deren Recht auf Bildung und Erziehung „zu einer eigenverantwortlichen und gemeinschaftsfähigen Persönlichkeit" (§ 22 Abs. 1 SGB VIII) gehört. Das Kind will sich dabei als aktiv Forschende bzw. Forschender und Expert_in in eigener Sache als selbstwirksam erleben. Das meint, dass es seine Welt aktiv mitgestalten kann, dass es gemäß seines momentanen Entwicklungsstands und derzeitiger Bedürfnisse die Welt forschend entdeckt und erfährt, dass es Einfluss auf soziale Vorgänge hat (KM 2011: 21).
Soll dem Kind ermöglicht werden, sich zu einer eigenverantwortlichen Persönlichkeit entwickeln zu dürfen, so muss es dabei unterstützt werden, selbstverantwortlich mit eigenen Gefühlen umgehen zu können, über Situationen, Personen und Dinge selbstständig nachzudenken und urteilen zu können, persönliche Interessen, Wünsche und Bedürfnisse wahrnehmen und formulieren zu können (KM 2011: 21). Aktives Einbeziehen und die Teilnahme an für sie relevanten Entscheidungsprozessen kann es den Kindern ermöglichen, sich diese Fertigkeiten eigenaktiv und in unterstützender Begleitung der pädagogischen Fachkräfte anzueignen und sich so zu eigenständig lebenden und handelnden, zu mündigen Individuen entwickeln zu können.
Soll das Recht auf Bildung und Erziehung zu einer gemeinschaftsfähigen Persönlichkeit gewahrt werden, so darf das Kind im pädagogischen Alltag lernen, Freundschaften zu knüpfen und aufrecht zu erhalten, Interesse an anderen entwickeln und sich als Mitglied der Gruppe fühlen, das Einfluss auf die Gestaltung des gemeinsamen Miteinanders und Entscheidungsprozesse in der Gruppe hat (KM 2011: 21). Weil Partizipation ein gemeinschaftlicher Prozess ist (Schröder 1995: 14), hat das Kind in diesen interaktiven Prozessen

die Möglichkeit, Fertigkeiten sozialer Natur zu erwerben. Im gemeinschaftlichen Partizipationsprozess kann das Kind lernen, Meinungen an- derer zu berücksichtigen und sich aufgrund deren Äußerungen, Meinungen, Bedenken oder Wünsche in deren Lage zu versetzen. Zudem dienen diese gemeinschaftlichen Prozesse dazu, Lösungen unter Berücksichtigung der Interessen aller beteiligten Kinder zu entwickeln, gegebenenfalls Kompromisse auszuhandeln (Regner und Schubert-Suffrian 2011: 12).

Da sich Kind und Erzieher_in in diesen Prozessen in einer Ko-Konstruktion befinden, in der die pädagogische Fachkraft das Kind als aktiv forschende Person in den für es entwicklungsrelevanten Themen und Interessen unterstützend begleitet, gilt es dabei im Bestreben gelingender Beteiligung der Kinder und in Anlehnung an den Arzt und Pädagogen Korczak herauszufinden, was Kinder wirklich beschäftigt, ihre Gedanken, Wünsche und Ideen ernst zu nehmen, um so geeignete Methoden zur Beteiligung der Kinder entwickeln zu können (Stamer-Brandt 2014: 13). Hier schließt sich Wygotski mit seiner Zone der nächsten Entwicklung an, indem er fordert, dem Kind etwas zu- zutrauen, ihm in seinem nächsten Schritt beizustehen und dabei zu unterstützen, Fähig- und Fertigkeiten in diesen Beteiligungsprozessen aus- und zu erweitern (Wygotski 1987: 83). Das erfordert Einfühlungsvermögen und eine gute Beobachtung, wie Korczak es fordert (Dauzenroth 1989: 60–62), um das Kind angemessen zu fordern und nicht zu überfordern. Weil sich das konstruierende Kind seine Welt, seine Kenntnisse und Fähigkeiten durch aktives Handeln aneignet (Laewen 2002b: 211), darf Beteiligung keine Altersbeschränkung haben oder völlig aberkannt werden.

## 4.4 Zwischenfazit

Nach diesen ersten Überlegungen scheint die Forderung nach gelebter Partizipation keine bloße Schikane pädagogischer Fachkräfte oder eine weitere unlösbare Aufgabe zu sein. Partizipation macht tatsächlich Sinn.

Allerdings verdeutlichen die obigen Darstellungen, dass die Auffassung, Bearbeitung und Umsetzung von Partizipation auf unterschiedlichsten Niveaus stattfinden. Haben Kinder jedoch das Recht darauf, sich an allen sie betreffenden Entscheidungen zu beteiligen (§ 8 Abs. 1 SGB VIII), sollte es doch unabdingbar sein, ein länderübergreifendes, einheitliches, zudem strukturell verankertes Grundverständnis von Partizipation zu schaffen, um diesem Recht der Kinder nachzukommen und zu einem Instrument gelebter Demokratie in Kindertageseinrichtungen zu machen.

Nicht nur unter diesem Aspekt zeigt sich eine deutliche Kluft zwischen Anspruch und Wirklichkeit von Beteiligungsmöglichkeiten der Kinder in Kindertageseinrichtungen. So macht das Bundesjugendkuratorium zwar anerkennend auf die wachsende Zahl von Beteiligungsprojekten oder Initiativen zur Unterstützung von Kinderpartizipation aufmerksam (Bundesjugendkuratorium [BJK] 2009: 2), jedoch verweisen Schröder (1995: 17) oder auch das Stufenmodell von Hart und Gernert darauf, dass Beteiligung nicht gleich Beteiligung ist. In diesem Zusammenhang ist folglich darauf zu achten, eine im definierten Sinne gute und gelingende Beteiligung der Kinder zu realisieren. Vermutlich wird dies nur gelingen, wenn pädagogische Fachkräfte/Erwachsene mit einer offenen und motivierten Grundhaltung an diese oft neuen Prozesse herantreten und die eigene Haltung und die des Teams immer wieder reflektieren (Bruner, Winklhofer und Zinser 2001: 19).

Da die verschiedenen Varianten (siehe *4.3 Partizipation im pädagogischen Alltag von Kindertageseinrichtungen*) zeigen, dass Partizipation nicht überall gleich verstanden oder umgesetzt wird bzw. als selbstverständlich gilt, soll an dieser Stelle die Problematik um Grenzen der Beteiligung von Seiten der Erwachsenen durchaus ernst genommen und thematisiert werden. Ein weit verbreitetes Argument für die Nicht-Beteiligung oder begrenzte Beteiligung ist dabei beispielsweise, dass Kinder erst ab einem bestimmten Alter und mit einer gewissen Reife über das nötige Urteilsvermögen und notwendige Kompetenzen zum Partizipieren verfügen (BJK 2009: 9). Das veränderte Bild vom Kind fordert nun aber von den pädagogischen Fachkräften, dieses in seinen Bedürfnissen und Interessen ernst zu nehmen und mit ihm als eigenständige Persönlichkeit in einen gleichberechtigten Dialog zu treten (Bruner, Winklhofer und Zinser 2001: 19f.).

Weil das konstruierende Kind in sozialen Interaktionen durch eigene Handlungen und Reaktionen der anderen auf sein Handeln lernt und seine Fähigkeiten erweitern kann (BJK 2009: 9, Laewen 2002b: 211), ist die Behauptung, Kindern das Recht auf Partizipation erst ab einem bestimmten Alter bzw. einer bestimmten Reife gewähren zu können, stark zu diskutieren. Die Grenzen der Beteiligung liegen damit eigentlich auch nicht bei den Kindern, sondern viel mehr in den Köpfen der Erwachsenen. Die Aufgabe der pädagogischen Fachkräfte ist es deshalb, Kindern Beteiligungsprozesse zu ermöglichen und dabei zu unterstützen, damit Partizipation ein Weg zu Bildung im definierten Sinne sein kann.

# 5 Einflüsse von Partizipationsmöglichkeiten auf die sozial-emotionale Kompetenz

Auf Grundlage der im vorangegangen Teil der Arbeit einzeln dargestellten Themenbereiche soll nun herausgearbeitet werden, welchen positiven Einfluss Partizipationsmöglichkeiten in Kindertageseinrichtungen auf die sozial-emotionale Kompetenz des Kindes in Kindertageseinrichtungen nehmen kann. Weil man zwar davon ausgeht, dass sich Beteiligungsmöglichkeiten positiv auf die sozial-emotionale Kompetenzentwicklung des Kindes auswirken, somit das Kind dabei unterstützen, sich in einer komplexen, schnelllebigen Welt zurechtzufinden, genaue Zusammenhänge jedoch meist nicht explizit aufgeführt werden (Wolff 2016: 1061), sollen nun einige relevante Aspekte diesbezüglich betrachtet werden.
Unter Punkt *3.3 Die Bedeutung der sozial-emotionalen Kompetenz für das Kind* wurde deutlich, dass mit einer sich positiv entwickelnden sozial-emotionalen Entwicklung eine sich positiv entwickelnde Ich-Identifikation und Persönlichkeitsentwicklung, die Entfaltung eines gesunden Selbstwertgefühls und Selbstbewusstseins einhergeht. Unter dem ko-konstruktivistischen Ansatz gilt das Kind als diejenige Person, die die Umwelt eigenaktiv und forschend, gemäß des momentanen Entwicklungsstands und momentaner Bedürfnisse, entdecken und verstehen will. Für eine gesunde Persönlichkeitsentwicklung, Ich-Identifikation, ein gesundes Selbstwertgefühl und Selbstbewusstsein ist es für ein Kind mit Sicherheit wichtig, sich als selbstwirksam in Belangen, die für es wichtig sind, zu erleben. Bei Beteiligungsmöglichkeiten geht es darum, jede und jeden zu hören und die persönliche Meinung aller Beteiligten in Entscheidungsfindungsprozessen zu berücksichtigen (Lenz 2006: 13, Schröder 1995: 14). Wenn das Kind in Kooperation und Diskussion mit der Kindergruppe und der begleitenden erwachsenen Person die Chance hat, eigene Interessen, Wünsche und Bedürfnisse zu einem bestimmten Thema zu entwickeln, wahrzunehmen

und zu äußern, wenn es um „Entscheidungen, die das eigene Leben [...] betreffen“, geht (Schröder 1995: 14), darf es sich in diesen Abläufen als selbstwirksam erleben. Dies ist sicherlich gerade für eher zurückhaltende und schüchterne Kinder von besonderer Bedeutung.

Wenn das Kind in für es relevante Entscheidungsprozesse einbezogen wird, gibt ihm die tatsächliche Beteiligung (z.B. Stufen der Beteiligung: Stufe 7, Schröder 1995: 16,17) ein Gefühl der Zugehörigkeit und Mitverantwortlichkeit, ein weiterer Aspekt gelingender Partizipationsprozesse (ebd.: 17). Es fällt ihm u.a. leichter, sich mit ausgehandelten Regeln und Ergebnissen, an denen es mitgewirkt hat, zu identifizieren (Regner und Schubert-Suffrian 2011: 12). Entscheidungen, Regeln und Forderungen werden für das Kind verständlich und nachvollziehbar. Dieses Zugehörigkeits- und Verantwortungsgefühl stärkt wiederum sein Selbstwertgefühl, sein Wissen um Selbstwirksamkeit und somit das Wissen um den Wert der eigenen Person.

Weil Partizipation auch Entscheidungen, die „das Leben der Gemeinschaft betreffen“, meint (Schröder 1995: 14), beruhen gelingende Partizipationsprozesse auf Wertschätzung, Achtung und respektvollem Umgang. Dass die eigene Meinung gehört, respektiert und geachtet wird, wirkt sich positiv auf die Selbstwahrnehmung, den Selbstwert und das Ich-Bewusstsein des Kindes aus.

Versteht man Beteiligungsmöglichkeiten als interaktive und andauernde Prozesse (Schröder 1995: 14), in denen sich die Kinder und die pädagogischen Fachkräfte in einer wechselseitigen Beziehung befinden, hat jede und jeder die Möglichkeit, sich durch eigene aktive Beteiligung in diese Interaktionsprozesse einzubringen. Da gelingende Beteiligungs- und Interaktionsprozesse von Teilhabe und Teilgabe sprechen (siehe *3.1 Annäherung an den Begriff Partizipation*), sind nicht nur die eigenen Wünsche, Bedürfnisse und Interessen des Individuums von Relevanz, sondern ebenso die der anderen Beteiligten zu würdigen, ernst zu nehmen und zu berücksichtigen. Weil mehrfach deutlich wurde, dass das Kind sozial-emotionale Fähig- und Fertigkeiten, wie die eigene Meinungsäußerung, Anteilnahme, Zuhören oder die Konfliktlösung (Mayer, Heim und Scheithauer 2007: 75) in sozialer Interaktion erwirbt, lässt sich folgerichtig sagen, dass sich gelingende Beteiligungsprozesse positiv und unter- stützend auf die Entwicklung dieser Fertigkeiten auswirken können (Regner und Schubert-Suffrian 2011: 11, 12).

Beim Austausch in der Gruppe, dem gegenseitigen Zuhören, dem Vorbringen eigener Argumente und dem gemeinsamen Finden von Lösungen ist es aufgrund der Individualität jedes einzelnen Kindes selbstverständlich, dass ein Kind bestimmte sozial- emotionale Fähigkeiten schon (ansatzweise) ausgebildet hat, während ein anderes dabei ist, erste Erfahrungen damit zu machen bzw. bereits gemachte Erfahrungen weiter ausbauen muss. Die Kinder bzw. pädagogischen Fachkräfte befinden sich in diesen Interaktionsvorgängen, die Ko-Konstruktionsprozesse sind, auf unterschiedlichen Entwicklungsniveaus und gemäß der Zone der nächsten Entwicklung kann jedes Mitglied mit Hilfe einer unterstützenden Begleitung persönliche Fertigkeiten weiterentwickeln bzw. in der Rolle der Begleitung andere Beteiligte unterstützen.

Das Finden von Lösungen, die für alle Beteiligten tragbar und wohl oft unter einem Kompromiss gefunden und beschlossen werden, kann in mehrfacher Hinsicht positiven Einfluss auf die sozial-emotionale Entwicklung des Kindes nehmen. Bei der gemeinschaftlichen Diskussion, Verhandlung oder Aushandlung von Regeln, Themen oder Projekten macht das Kind nämlich unter Umständen die Erfahrung, dass seine
Meinung zwar berücksichtigt und wertgeschätzt wird, es jedoch vorkommen kann, dass das Ergebnis ein anderes sein wird als erhofft. Wenn es jedoch die so wichtige Wertschätzung und Würdigung seiner Ansichten im Gesprächsverlauf erleben und Mitverantwortlichkeit bei Entscheidungsfindungen erfahren darf, so hat es die Möglichkeit zu lernen, mit Gefühlen,

wie beispielsweise Wut darüber, seinen Willen nicht zu bekommen, Enttäuschung darüber, dass es gegebenenfalls von seinem Standpunkt abweichen muss, Angst, in der Gruppe unterzugehen, umzugehen und gleichzeitig Kompromissbereitschaft auszubilden.
Zudem kann der wertschätzende und respektvolle Dialog zwischen den Beteiligten zu einer positiven Streitkultur beitragen (Regner und Schubert-Suffrian 2011: 12). Denn auch bei gelingenden Partizipationsprozessen ist es aufgrund der Vielzahl an Meinungen, Wünschen, Bedürfnissen und Interessen der Beteiligten, sowie deren Individualität ganz normal, dass Konflikte bei Entscheidungsfragen auftreten. Weil gelingende Partizipation davon lebt, gemeinsam und unter Berücksichtigung der Wünsche, Interessen und Bedürfnisse aller beteiligten Personen Lösungen zu finden (Schröder 1995: 14), kann das Kind sein Potenzial, Konflikte auf eine gute Art und Weise zu regeln, ausbauen.
In jeder Gruppe gibt es aufgrund der Individualität aller Beteiligten neben den Kindern, die zurückhaltend sind und Schwierigkeiten haben, Wünsche und Meinungen in einer größeren Runde zu verbalisieren, Persönlichkeiten, die keinerlei Probleme damit haben, ihre Anliegen vor einer Gruppe zu äußern und durchsetzen zu wollen. Das Anhören der Wünsche, Absichten und Ziele des Gegenübers ermöglicht es dem zuhörenden Kind, sich in die Lage des gerade sprechenden Kindes hineinversetzen und dessen Situation nachvollziehen zu können. Es kann weiter bedeuten, für ein eher schüchterneres Kind Partei zu ergreifen und ihm bei der Vertretung seiner Meinung beizustehen (Bruner, Winklhofer und Zinser 2001: 28). Gelingende Beteiligungsmöglichkeiten geben dem Kind folglich die Gelegenheit, seine Fähig- und Fertigkeiten im Bereich der Empathie und des prosozialen Verhaltens zu erweitern.
Gerade aus den letzten Darstellungen, die besonders die Konflikt- und Kompromissfähigkeit, die Fähigkeit zu Empathie oder prosozialem Verhalten inkludieren, zeigt sich, dass sich Beteiligungsmöglichkeiten sich nicht

nur unmittelbar auf das Kind, sondern auch auf seine Beziehungen zu Peers auswirken, die – wie bereits festgestellt – enorm wichtig für die sozial-emotionale Entwicklung des Kindes sind (Mayer, Heim und Scheithauer 2007: 83).

# 6 Konzeptionelle Überlegungen zur Unterstützung der sozial-emotionalen Kompetenz durch Partizipationsmöglichkeiten

Im vorangegangenen Teil der Arbeit wurde herausgearbeitet, in welcher Art und Weise Beteiligungsmöglichkeiten positiven Einfluss auf die Entwicklung sozial-emotionaler Kompetenzen des Kindes nehmen können. Daran anknüpfend soll der Frage nachgegangen werden, welche Schritte, Veränderungen oder welches Umdenken es in Kindertageseinrichtungen und von Seiten der pädagogischen Fachkräfte konkret benötigt, um diese Vorgänge und Zusammenhänge realisieren zu können. Unterstützend werden hierzu besonders die Ergebnisse zweier Forschungsprojekte um Beteiligungsformen von Kindern in Kindertageseinrichtungen herangezogen. Das erste Projekt „Modelle gesellschaftlicher Beteiligung von Kindern und Jugendlichen“[7] entstand im Auftrag des BMFSFJ (Bruner, Winklhofer und Zinser 2001). Bei dem zweiten Projekt handelt es sich um das Modellprojekt „Kinderstube der Demokratie“[8] (Hansen, Knauer und Sturzenhecker 2009).
Mehrfach wurde deutlich, dass die Entwicklung sozial-emotionaler Kompetenzen durch eigenes Erproben und Handeln sowie durch Handlungen und Reaktionen der Umwelt entsteht (siehe u.a. *3.3 Die Bedeutung der sozial-emotionalen Kompetenz für das Kind* oder *3.4 Zwischenfazit*). Sie lässt sich demzufolge als eigenaktive Tätigkeit des Kindes (Hentig 1996: 40) bzw. aktive Selbstbildung

[7] Ziel des Forschungsprojekts war es, einen Überblick über mögliche Beteiligungsformen von Kindern und Jugendlichen zu erhalten. Das Projekt sollte herausarbeiten, wie und ob Kinder und Jugendliche Partizipation umsetzen.
[8] Bei dem Modellprojekt handelt es sich um ein Projekt zu Beteiligung von Kindern und Jugendlichen im Bundesland Schleswig-Holstein. Ziel des Modellprojekts war es, herauszufinden, ob und auf welche Weise schon Kinder in Kindertageseinrichtungen an für sie relevanten Entscheidungen beteiligt werden können.

(Schäfer 2003: 18, 21), als Bildungsprozess im definierten Sinne verstehen. Außerdem wurde festgestellt, dass Partizipation als Schlüssel zu gelingender Bildung und zu Demokratie zu verstehen ist (siehe *4.4 Zwischenfazit*). Hansen, Knauer und Sturzenhecker (2009: 47) sehen in diesem Perspektivwechsel von einem vermittelnden zu einem aneignenden Bildungsprozess Partizipation als absolut notwendig. Doch erst ein einheitliches und strukturell verankertes Grundverständnis in den Konzeptionen der Kindertageseinrichtungen (siehe *4.4 Zwischenfazit*) macht die Einrichtung zu einem Ort gelebter Demokratie (Hansen, Knauer und Sturzenhecker 2009: 47).

Es gilt nach Korczak herauszufinden, was das Kind sozial-emotional wirklich beschäftigt, worüber es sich Gedanken macht, vor welchen sozial-emotionalen Herausforderungen es momentan steht (Stamer-Brandt 2014: 13). Davon ausgehend stellt sich die pädagogische Fachkraft die Frage, wie sie das Kind in diesen Bildungsprozessen und in Ko-Konstruktion gemäß der Zone der nächsten Entwicklung durch Beteiligungsmöglichkeiten angemessen unterstützen und begleiten kann, dabei nicht unter- oder überfordert.

Nach dieser kurzen Wiederholung und Formulierung dieses grundlegenden Verständnisses sozial-emotionaler Kompetenz als Bildungsprozess und des Zusammenhangs zwischen Partizipationsmöglichkeiten und der Entwicklung sozial-emotionaler Kompetenzen gilt es nun, die Rolle der pädagogischen Fachkräfte in diesen Abläufen zu definieren. Denn in der Kindertageseinrichtung als Ort der Bildung und gelebter Demokratie sollten Kinder bei sie betreffenden Entscheidungen nicht mehr von der „guten oder schlechten Laune des Erziehers" abhängig sein (Korczak und Furtwängler 2006: 97).

Weil Kinder in sozialen Interaktionen lernen und eine vertrauensvolle Beziehung zur pädagogischen Fachkraft als wichtige Grundlage und sichere Basis für Bildungsprozesse des Kindes verstanden wird (Ahnert 2007: 40), liegt es an den Erwachsenen, die eigene Haltung gegenüber dem und das persönliche Bild vom Kind zu überdenken (Hansen, Knauer und Sturzenhecker 2009: 47). Selbstkritische Fragen wie *Welche Haltung bestimmt mein Handeln im pädagogischen Alltag? Welche (Beteiligungs-) Rechte gestehe ich Kindern zu, welche nicht und warum? Was bedeutet es für mich als pädagogische Fachkraft, wenn die Kinder ihr Recht auf eigene Entscheidungen wahrnehmen?* sind dabei wichtig (Bruner, Winklhofer und Zinser 2001: 20, Hansen, Knauer und Sturzenhecker 2009: 47). Denn sie ermöglichen, das eigene Denken und Handeln, den eigenen Standpunkt, reflektieren zu können.
Neben der persönlichen ist auch die Reflexion im Team ein wichtiger Punkt, um dem Ziel der Unterstützung der Entwicklung sozial-emotionaler Kompetenzen durch Beteiligungsmöglichkeiten nicht hinderlich zu sein. Denn bisherige Machtgefälle zwischen Erwachsenen und Kindern zu Ungunsten der Kinder müssen von der einzelnen Fach- kraft und dem gesamten Team überdacht und möglicherweise verändert werden und dem Team muss die Gratwanderung zwischen Manipulation und kompletter Macht- und Verantwortungsabgabe gelingen. Rückmeldung via Videoaufnahmen oder das Führen partizipativer Gespräche als pädagogisches Tandem, beispielsweise im Rahmen des Kinderparlaments, können helfen, dominante oder beeinflussende, oft unbewusste, Verhaltensweisen der Erwachsenen aufzudecken (Bruner, Winklhofer und Zinser 2001: 20f.).
Hansen, Knauer und Sturzenhecker (2009: 46) befinden es außer-

dem als unumgänglich, sich als Team regelmäßig im Bereich Partizipationstheorien und –methoden fort- und weiterzubilden, um das eigene Wissen und Können stetig zu erweitern und das eigene Handeln und Denken noch besser reflektieren zu können. Im Team ist es zu- dem wichtig, sich über ein gemeinsames Verständnis von Beteiligung zu einigen, gelungene und weniger gelungene Projekte zu reflektieren. Dies gibt den pädagogischen Fachkräften Sicherheit über die eigene Arbeit, was wiederum eine gute und sichere Basis für die unterstützende Begleitung der sozial-emotionalen Bildungsprozesse des Kindes im Rahmen von Beteiligungsprozessen schafft.

Jedoch sollten auch Unsicherheiten oder Unstimmigkeiten thematisiert werden. Fühlt sich eine pädagogische Fachkraft unwohl oder unsicher, wird den Kindern die sichere Basis für ihre sozial-emotionalen Bildungsprozesse im Rahmen von Partizipationsmöglichkeiten genommen. Denn eine sich positiv entwickelnde sozial-emotionale Kompetenz der Kinder, die durch Partizipation unterstützt werden soll, kann nur gelingen, wenn das pädagogische Team Beteiligung als gemeinsame Grundhaltung ihrer pädagogischen Arbeit betrachtet (Bruner, Winklhofer und Zinser 2001: 21) und jede und jeder Einzelne diese auch mit gutem Gewissen vertreten kann.

Die Beteiligung von Kindern wird pädagogische Fachkräfte vor Konflikte und Herausforderungen stellen, die neu und ungewohnt sind. Häufig und übereilt neigt man dazu, Situationen, die schwer auszuhalten sind (beispielsweise eine scheinbar überflüssige Diskussion zwischen den Kindern oder eine Debatte über ein Thema, die ein Änderung im Verhalten der erwachsenen Person zur Folge haben könnte), auf eine vermeintlich gute und schnelle Art selbst aufzulösen (Kazemi-Veisari 1998: 46). Dabei werden die Wünsche, Interessen und Bedürfnisse der Kinder jedoch zwangsläufig übergangen. Weil Beteiligungsmöglichkeiten auch Handlungsalternativen beinhalten sollen (Scheu und Autrata 2013: 243), hat die pädagogische Fachkraft aber die Aufgabe, offen für nicht vorher geplante Verläufe und Ergebnisse zu sein und gemeinsam mit den Kindern gute Lösungen zu finden. Durch diesen Akt spricht die pädagogische Fachkraft den Kindern Zu- und Vertrauen in deren Fähigkeiten und Fertigkeiten zu, was zur Folge hat, dass das Kind diese Zu- und Vertrauensbasis als stabile Grundlage für weitere Selbstbildungsprozesse seiner sozial-emotionalen Entwicklung nutzen kann. Sie vermittelt den Kindern das Gefühl, als vernünftige und verständige Mit- verantwortliche im Verlauf und Ausgang dieser Prozesse zu agieren.

Denn wenn sich eine pädagogische Fachkraft auf die Herausforderung einlassen kann, die Kinder im wertschätzenden und respektvollen Dialog an der Reflexion des Problems und einer gemeinsamen Lösungsfindung zu beteiligen, kann eine positive Streitkultur entstehen, in der die Kinder (und auch die pädagogische Fachkraft) lernen dürfen, Kompromissbereitschaft aus- und weiterzuentwickeln (Regner und Schubert-Suffrian 2011: 12).

Dabei ist es wichtig, die Erwartungen nicht zu hoch zu setzen. Schließlich handelt es sich um Kinder, die erst noch Erfahrung mit dem Thema Beteiligung machen und sich selber ausprobieren müssen (Bruner, Winklhofer und Zinser 2001: 26), außerdem noch mitten in der Aus- und Weiterbildung sozial-emotionaler Kompetenzen sind. Kindern, die mit Beteiligungsprozessen nicht vertraut sind, wird es zunächst schwer fallen, eigene Gedanken und Ideen vorzubringen und persönliche Ansichten vor der Gruppe zu vertreten (Kazemi-Veisari 1998: 47). Ist das Kind darüber hinaus von schüch-

ternem Charakter, wird es möglichweise nicht das nötige Selbstvertrauen haben, vor einer Gruppe zu sprechen. Hier benötigt es ein feines Gespür der pädagogischen Fachkraft, auf das einzelne Kind einzugehen und die Balance zu finden zwischen der Unterstützung des Individuums und der gesamten Gruppe. Denn ein Schweigen muss in diesem Zusammenhang nicht bedeuten, dass alles in Ordnung oder das Kind einverstanden ist (ebd.: 47).
Gerade weil sich das konstruierende Kind die sozial-emotionale Welt – Fähigkeiten, Fertigkeiten und Kompetenzen eingeschlossen – durch aktives Handeln und Erleben aneignet (Laewen 2002b: 211), hat die pädagogische Fachkraft hier die Aufgabe, dem Kind diese Möglichkeit nicht zu verwehren oder gar eine Altersbegrenzung bei Partizipation in Betracht zu ziehen. Indem sie dem Kind mit einer würdigenden und respektvollen Haltung entgegentritt und wie Korczak es fordert, dessen Gedanken, Wünsche und Interessen ernst nimmt (Stamer-Brandt 2014: 13), kann sie dem Kind gegebenenfalls Hilfestellung geben.
Weil Kinder an Modellen lernen (Bandura 1979: 31), hat die pädagogische Fachkraft in gemeinsamen Gesprächen und Diskussionen eine gewisse Vorbildfunktion zu erfüllen. Ihr kommt, besonders bei der Einführung von Beteiligungsprozessen, die Aufgabe zu, den Kindern gemeinsam ausgehandelte Vereinbarungen und Regeln regel- mäßig zu vergegenwärtigen, mit ihnen gemeinsam darüber zu sprechen, gemeinsam auf Aktualität zu prüfen und Unklarheiten zu klären (Tietze und Viernickel 2003: 151). Eine Gesprächskultur einzuüben, in der die pädagogische Fachkraft auf bereits genannte Vorschläge und Ideen der Kinder eingeht, kann den Kindern helfen, sich im weiteren Gesprächsverlauf aufeinander zu beziehen, aber auch die Ansicht des oder der anderen immer besser verstehen lernen (Bruner, Winklhofer und Zinser 2001: 26). Zudem

können sie ein Gespür für die Bedürfnisse der und des anderen sowie Verantwortungsbewusstsein und Verbindlichkeit für Regeln in der Gruppe entwickeln. Die Kinder lernen, miteinander über ihre Gedanken, Gefühle und Ideen zu kommunizieren. Dabei können sie ihr Emotionsvokabular erweitern, lernen, sich besser aus- zudrücken und erleben gegenseitige Rücksichtnahme und gegenseitige Wertschätzung im gemeinsamen Gespräch. Spricht die pädagogische Fachkraft ein eher schüchternes Kind direkt an und fragt es nach seiner Meinung, vermittelt sie in ihrer Vorbildfunktion Interesse und Wertschätzung an den Ansichten dieses Kindes. Sie zeigt, dass jede Meinung wichtig ist und gehört werden soll. Das angesprochene Kind fühlt sich bestärkt darin, seine Anliegen vor der Gruppe zu vertreten und über seine Gedanken und Gefühle zu kommunizieren. Auf diese Weise kann es beispielsweise sein Emotionsvokabular erweitern und durch das Sprechen vor der Gruppe sein Selbstvertrauen stärken. Es erfährt sich außerdem als aktives und selbstwirksames Mitglied der Gruppe, das mit seinen Wünschen, Ansichten und Interessen wichtig ist und Prozesse beeinflussen kann (Bruner, Winklhofer und Zinser 2001: 26). Gleichzeitig erlebt das extrovertiertere, dominantere Kind eine Sensibilisierung für das Gegenüber. Durch aktives Zuhören lernt es, einem anderen Kind seine Aufmerksamkeit zu schenken, ihm bewusst zuzuhören und so dessen Anliegen auch bewusst wahrzunehmen (ebd.: 26). Dies ermöglicht dem zuhörenden Kind, die Lage des sprechenden Kindes nachvollziehen zu können und sich in Fähigkeiten der Empathie und Perspektivübernahme zu üben.

In Interaktion mit Gleichaltrigen, die für die Entwicklung sozial-emotionaler Kompetenzen von enormer Wichtigkeit sind, hat das Kind in der Kindertageseinrichtung viel Gelegenheit, das in den Beteiligungsprozessen Beobachtete und Erlebte auszuprobieren und auszubauen. Die pädagogische Fachkraft hat hier nun die Aufgabe, kooperative Verhaltensweisen (z.B. das Teilen eines Spielzeugs oder das Anbieten eines Stücks Obst) zwischen den Kindern positiv zu bewerten und zu bestärken (Tietze und Viernickel 2003: 144). Kooperative Handlungen jüngerer Kinder oder von Kindern, die sich verbal noch nicht so gut ausdrücken können, kann die pädagogische Fachkraft sprachlich begleiten (ebd.: 144). Auf diese Weise bekräftigt sie die Verhaltensweisen des Kindes. Außerdem trägt das zur Erweiterung des Emotionsvokabulars bei.

Die aufgezeigten Möglichkeiten machen deutlich, dass es, auch wenn das Kind durch eigenes Handeln und Ausprobieren Erfahrungen macht und lernt (Laewen 2002b: 211), seine sozial-emotionalen Kompetenzen durch Beteiligung ausbaut, aufgrund seines geringeren Erfahrungsschatzes Hilfestellung und eine sichere Basis durch die pädagogische Fachkraft benötigt, in der es frei explorieren und genau diese Fertigkeiten und Fähigkeiten erweitern kann.

## 7 Abschließendes Fazit

Nachdem nun eingehend auf die Fragestellung der vorliegenden Arbeit eingegangen wurde, soll nun ein persönliches Fazit der Verfasserin die Arbeit abschließen. Weil vorliegende Arbeit im Rahmen des Studiengangs *Inklusive Pädagogik und Heilpädagogik* absolviert wurde, sollen noch einmal relevante Bezüge zum Arbeitsfeld der Heilpädagoginnen und Heilpädagogen hergestellt werden.

Bevor davon zu sprechen ist, wie Beteiligungsmöglichkeiten die Entwicklung sozial- emotionaler Kompetenzen positiv beeinflussen können, ist es meiner Ansicht nach wichtig, sich als pädagogische Fachkraft und im Team darüber zu verständigen, was man unter sozial-emotionaler Kompetenz versteht, um deren Entwicklung optimal unterstützen zu können.

Dass es sich dabei um ein multidimensionales Konzept handelt, dessen verschiedene Fähig- und Fertigkeiten unterschiedlich ausgeprägt sein können, sollte stets im Hinterkopf behalten werden. So lässt sich vermeiden, mit einem Kriterienkatalog diverser Fähig- und Fertigkeiten scheinbar normale und gewünschte oder abweichende und unerwünschte Verhaltensweisen beim Kind zu lokalisieren. Dies impliziert nicht nur eine Bipolarität zwischen richtigem und falschem Verhalten, sondern fordert zudem geradezu dazu auf, das scheinbar Abweichende zu normalisieren zu wollen (Greving und Ondracek 2009: 164).

Weil sozial-emotionale Verhaltensweisen meiner Ansicht nach und im heilpädagogischen Verständnis aber für das Individuum immer einen subjektiven Sinn und ein Ziel haben, werden Saarnis und Rose-Krasnors Auffassungen, statt von einem richtigen oder einem falschen emotionalen Verhalten eher von Effektivität und Wirksam-

keit emotionaler Verhaltensweisen für die Person selbst zu sprechen (Salisch 2002: 38), sinnvoll. Dies lässt sich ebenso auf Kompetenzen im Allgemeinen, wie Weinert es tut (Weinert, im Druck, zit. in Weinert 2001 27f), somit auch auf soziale und auf sozial-emotionale Verhaltensweisen übertragen.
Da heilpädagogisches Arbeiten bedeutet, das Kind gemäß seines momentanen Entwicklungsstands und individuell zu unterstützen (Greving und Ondracek 2009: 167), gelingt es pädagogischen Fachkräften mit dieser Auffassung, ressourcenorientiert zu arbeiten anstatt vermeintliche Defizite oder „falsche" Verhaltensweisen korrigieren zu wollen. Das bedeutet zum einen, bereits vorhandene sozial-emotionale Fähig- und Fertigkeiten, über die jedes Kind zweifelsohne verfügt, in den Fokus der unterstützenden Begleitung zu nehmen. Zum anderen heißt es aber auch, durch genaues Beobachten und Hinhören herauszufinden, in welchen Bereichen das Kind noch Unterstützung benötigt.
An dieser Stelle sei allerdings darauf hingewiesen, dass die Gesellschaft von den in ihr lebenden Individuen gewisse Anforderung an deren sozial-emotionale Verhaltensweisen hat und als unerwünscht verstandenes Verhalten verachtet und verurteilt. Ansonsten würden sozial-emotionale Kompetenzen vermutlich nicht als Bildungs- und Entwicklungsziele gelten und jedes Konzept Kriterien an Fähig- und Fertigkeiten für kompetentes Verhalten formulieren.
Weil Heilpädagoginnen und Heilpädagogen jedes Kind auf seinem Weg in ein für es gutes Leben begleitend unterstützen wollen, gilt es, diese Diskrepanz in Zusammenarbeit zwischen Kind und pädagogischer Fachkraft zu überwinden. Möglicherweise ist ein guter Ansatz, die sozial-emotionale Kompetenz im Sinne des 12. Kinder- und Jugendberichts als alltagsnahe Kompetenz zu betrachten, die es dem Kind ermöglicht, sich selbstständig und verantwortungsvoll

in der Welt zurecht zu finden (BMFSFJ 2006: 85).
Darauf aufbauend wird es möglich, individuell an den bereits vorhandenen Fähig- und Fertigkeiten, an den Ressourcen des Kindes anzuknüpfen. Dabei kann der naturgegebene Forscherdrang des Kindes von enormer Hilfe sein. Denn durch seine angeborene Neugier hat es Interesse daran, die Welt zu erforschen, zu verstehen und sich in ihr zurechtzufinden.
Als Schlussfolgerung dieser Aspekte, dass sozial-emotionale Kompetenzen einen subjektiven Sinn für das Individuum erfüllen und als Bildungsprozesse des Kindes dazu dienen, sich in der Welt zurechtzufinden und selbstständig agieren zu können, überzeugt die doch zunächst scheinbar ungewöhnliche Verbindung zu Antonovskys Konzept der Salutogenese (siehe *3 Die sozial-emotionale Kompetenz im frühkindlichen Alter*). Denn erfährt das Kind die Welt als kohärent, kann es die bereits vorhandenen sozial-emotionalen Ressourcen genau zur Umsetzung dieser Aspekte besser nutzen (Greving und Ondracek 2009: 169).
Besonders die Punkte *5 Einflüsse von Partizipationsmöglichkeiten auf die sozial-emotionale Kompetenz* und *6 Konzeptionelle Überlegungen zur Unterstützung der Entwicklung sozial-emotionaler Kompetenz durch Partizipationsmöglichkeiten* haben verdeutlicht, dass die Entwicklung sozial-emotionaler Kompetenzen durch Beteiligung erst möglich ist, wenn ein grundlegendes Verständnis von Partizipation unter den pädagogischen Fachkräften hergestellt ist. Da die Entwicklung sozial-emotionaler Kompetenzen als Bildungsprozess des Kindes zu verstehen ist und Beteiligungs- formen diese unterstützen, muss der pädagogischen Fachkraft dieser Zusammen- hang bewusst sein. Erst davon ausgehend kann überlegt werden, wie die pädagogische Fachkraft Beteiligungsprozesse nut-

zen kann, um die Entwicklung sozial-emotionaler Kompetenzen unterstützend begleiten zu können. Es zeigt sich, dass die pädagogische Fachkraft ihre Handlungsweisen und ihre Haltung gegenüber dem Kind unter ständiger Selbst- und Fremdreflexion überprüfen und offen für Veränderungen sein muss, um diesen Ansprüchen gerecht zu werden.

Bei der Umsetzung dieses Vorhabens sind mehrere Punkte zu beachten. Wie Schröder (1995: 14) anmerkt, bedeutet Partizipation weder „Kindern das Kommando" zu übergeben oder „Kinder an die Macht" zu lassen. Sturzbecher und Großmann (2007: 46) weisen darauf hin, dass Kinder in ihrer Entwicklung von einer Kombination aus angemessener Kontrolle und begleitender Unterstützung zu Autonomie und Unabhängigkeit profitieren. Daraus folgt meiner Ansicht nach, dass Kinder durchaus rahmen- und orientierungsgebende Regeln und Grenzen benötigen, in denen sie frei und sicher explorieren können. Beteiligungsmöglichkeiten geben hier die Möglichkeit, diese Regeln und Grenzen gemeinsam auszuhandeln, zu diskutieren, verständlich zu machen, außerdem den Kindern eine Verbindlichkeit und Verantwortung dieser Vereinbarungen nahezulegen. Für Kinder, die noch Schwierigkeiten mit solch komplexen Aufgaben haben, kann es hilfreich sein, einen überschaubaren Rahmen vorzugeben, innerhalb dessen Regeln gemeinsam erarbeitet werden können. Keinesfalls sollte über eine Nicht-Beteiligung nachgedacht werden.

Zwar wendet das Bildungsverständnis im definierten Sinn den Fokus von einem vermittelnden zu einem aneignenden Bildungsprozess und somit auf das Kind als aktive Person in diesen Prozessen, dennoch ist meines Erachtens nach die vermittelnde Komponente im Zusammenhang von Beteiligungsmöglichkeiten und der Entwicklung sozial-emotionaler Kompetenzen nicht außer Acht zu lassen. Denn besonders bei der Einführung von Beteiligungsprozessen in der Kindertageseinrichtung dient die pädagogische Fachkraft als Vorbild. Sie zeigt den Kindern beispielhaft u.a. wie Beteiligung für alle funktionieren kann, wie ein respektvoller Umgang miteinander geführt wird, wie man anderen zuhören und deren Meinung berücksichtigen kann. Sie lehrt folglich durch ihr aktives Tun, wie jede und jeder ihre beziehungsweise seine sozial-emotionalen Fähig- und Fertigkeiten in diesen Beteiligungsprozessen einbringen und ausbauen kann.

Bei der Frage um Einflüsse auf die Entwicklung sozial-emotionaler Kompetenzen durch Partizipationsmöglichkeiten wird die pädagogische Fachkraft auf keinen Fall überflüssig. Es ist ihre Aufgabe, das richtige Maß zwischen aktiver Anleitung, beispielsweise durch das Ausleben ihrer Vorbildfunktion in Gesprächskreisen, und eher zurückhaltender Begleitung, zum Beispiel durch Bestärkung kooperativer Verhaltens- weisen, zu finden (siehe *6 Konzeptionelle Überlegungen zur Unterstützung der Entwicklung sozial-emotionaler Kompetenzen durch Partizipationsmöglichkeiten*).

Dabei ist es wichtig und zugleich herausfordernd, jedes Kind gemäß seines momentanen Entwicklungsstands und derzeitiger Bedürfnisse zu unterstützen und dabei zu erspüren, was die gesamte Gruppe gerade benötigt. Es gilt, dem Kind in der Rolle der unterstützenden Begleitung Hilfestellung zu geben und ein Umfeld zu schaffen, in dem das Kind die Möglichkeit hat, genau diese Fähig- und Fertigkeiten auszubauen. Hier sei angemerkt, dass eine gute Umsetzung der Einflüsse auf die Entwicklung sozial-emotionaler Kompetenzen durch Partizipationsmöglichkeiten auch gute Voraussetzungen und Bedingungen benötigt. Zweifel der pädagogischen Fachkräfte, wie sie diesen Anforderungen gerecht werden sollen, sind unbedingt ernst zu nehmen. Denn auch wenn bei den Bildungsprozessen und der Frage um die Einflüsse auf die Entwicklung sozial-emotionaler Kompetenzen durch Partizipationsmöglichkeiten das Kind im Fokus steht, benötigt eine gelingende Umsetzung dieser Prozesse Einverständnis und Rückhalt der pädagogischen Fachkräfte. Neben einem einheitlichen und klaren Konzept benötigt es beispielsweise motiviertes, geschultes und ausreichendes Fachpersonal. Dies sind nur einige Aspekte, die dazu beitragen, den vielfältigen und unterschiedlichen Bedürfnissen der Kinder gerecht zu werden.

Wenn die Kindertageseinrichtung in Deutschland eine Institution ist, die das Kind dabei unterstützt, sich in seiner Welt, damit in der Gesellschaft, zurechtzufinden, dürfen Pädagoginnen und Pädagogen Kindern deren Recht auf Partizipation nicht verwehren. In diesem Zusammenhang sollten meines Erachtens zum einen der demokratische Gedanke und zum anderen die Zukunftsorientierung von Beteiligungsprozessen Berücksichtigung finden. Denn das Kind, das im vertrauten und sicheren Umfeld lernt, seine Meinung äußern und vertreten zu können und dabei gleichzeitig auf respektvolle Resonanz stößt, wird diese Fähigkeit auch in anderen Kontexten umsetzen können. Für einen demokratischen Staat, der auf eigenständiger und freier Meinungsäußerung aufbaut, sind Personen, die eben diese Erfahrungen machen durften, ein gesundes Selbstvertrauen und –bewusstsein entwickeln haben, essenziell für dessen Bestehen.

Heilpädagogisches Arbeiten bedeutet, professionell und praktisch mit theoretisch untermauertem Wissen zu arbeiten (Greving und Ondracek 2009: 95). Der Studiengang *Inklusive Pädagogik und Heilpädagogik* legt hier großen Wert auf die Vermittlung des Konzepts Partizipation. Ebenso wichtig ist im Verlauf des Studiums die

Aneignung von Wissen über die kindliche, damit auch die soziale und emotionale, Entwicklung. Wie die Theorie – zumindest in Grundzügen – aussehen kann, hat vorliegende Arbeit versucht, aufzuzeigen. Obwohl das Modellprojekt „Kinderstube der Demokratie" oder das Forschungsprojekt „Modelle gesellschaftlicher Beteiligung von Kindern und Jugendlichen" beispielhaft gezeigt haben, dass Beteiligungsmöglichkeiten positive Auswirkungen auf die Entwicklung sozial-emotionaler Kompetenzen haben (siehe *6 Konzeptionelle Überlegungen zur Unterstützung der sozial-emotionalen Kompetenz durch Partizipationsmöglichkeiten*), ist es meines Erachtens für die Zukunft weiterhin wichtig, diese Zusammenhänge gezielter und gründlicher zu erforschen. Denn Heilpädagogik ist eine Profession, die fundiertes und erprobtes Wissen in die Praxis umsetzen will, um das Klientel bestmöglich zu begleiten und zu unterstützen.

## Literaturverzeichnis

AHNERT, Lieselotte, 2007. Von der Mutter-Kind- zur Erzieherinnen-Kind-Bindung? In: Fabienne BECKER-STOLL und Martin R. TEXTOR, Hrsg. *Die Erzieherin-Kind- Beziehung: Zentrum von Bildung und Erziehung.* 1. Auflage. Berlin: Cornelsen Scriptor, 31-41.

BANDURA, Albert, 1979. *Sozial-kognitive Lerntheorien.* 1. Auflage. Stuttgart: Ernst Klett.

BECKER-STOLL, Fabienne, 2007. Eltern-Kind-Bindung und kindliche Entwicklung. In: Fabienne BECKER-STOLL und Martin R. TEXTOR, Hrsg. *Die Erzieherin-Kind- Beziehung: Zentrum von Bildung und Erziehung.* 1. Auflage. Berlin: Cornelsen Scriptor, 14-30.

BRUNER, Claudia Franziska, Ursula WINKLHOFER und Claudia ZINSER, 2001. *Partizipation - ein Kinderspiel?: Beteiligungsmodelle in Kindertagesstätten, Schulen, Kommunen und Verbänden.* Berlin: Deutsches Jugendinstitut e.V.

BMFSFJ, BUNDESMINISTERIUM FÜR FAMILIE, SENIOREN, FRAUEN UND JUGEND, 2006. *12. Kinder- und Jugendbericht: Bericht über die Lebenssituation junger Menschen und die Leistung der Kinder- und Jugendhilfe in Deutschland.* Berlin: DruckVogt.

BMFSFJ, BUNDESMINISTERIUM FÜR FAMILIE, SENIOREN, FRAUEN UND JUGEND, 2013. *14. Kinder- und Jugendbericht: Bericht über die Lebenssituation junger Menschen und die Leistungen der Kinder- und Jugendhilfe in Deutschland.* 1. Auflage. Paderborn: Bonifatius.

BJK, BUNDESJUGENDKURATORIUM, 2009. *Partizipation von Kindern und Jugendlichen - Zwischen Anspruch und Wirklichkeit* [Online-Quelle] [Zugriff am 08.05.2017]. Verfügbar unter: http://www.bundesjugendkuratorium.de/ae-sets/pdf/press/bjk_2009_2_stellungnahme_partizipation.pdf

BJW, SENATSVERWALTUNG FÜR BILDUNG, JUGEND UND WISSENSCHAFT, 2014. *Berliner Bildungsprogramm für Kitas und Kindertagespflege* [Online-Quelle] [Zugriff am 08.05.2017]. Verfügbar unter: https://www.gew-berlin.de/public/me- dia/berliner_bildungsprogramm_2014.pdf

DANNER, Stefan, 2012. Partizipation von Kindern in Kindergärten: Hintergründe, Möglichkeiten und Wirkungen. *ApuZ.* bpb: Bonn. **62**(22-24), 40-45.

DAUZENROTH, Erich, 1989. *Ein Leben für Kinder: Janusz Korczak Leben und Werk.* 2., durchgesehene und erweiterte Ausgabe. Gütersloh: Gütersloher Verlagshaus.

Frank, Angela, 2008. *Kinder in ihrer sozial-emotionalen Entwicklung fördern.* Freiburg im Breisgau: Herder.

GREVING, Heinrich und Petr ONDRACEK, 2009. *Heilpädagogisches Denken und Handeln: Eine Einführung in die Didaktik und Methodik der Heilpädagogik.*
Kohlhammer.

HANSEN, Rüdiger, Raingard KNAUER und Benedikt STURZENHECKER, 2009. Die Kinderstube der Demokratie. *TPS - Theorie und Praxis der Sozialpädagogik* [Online-Quelle]. (2), 46-50 [Zugriff am 08.05.2017]. Verfügbar unter:
https://www.partizipation-und-bildung.de/pdf/Hansen_Knauer_Sturzenhecker_Kinderstube%20der%20Demokratie.pdf

HENTIG, Hartmut von, 1996. *Bildung: Ein Essay.* München: Carl Hanser.

HOLODYNSKI, Manfred, 1999. Handlungsregulation und Emotionsdifferenzierung. In: Wolfgang FRIEDLMEIER und Manfred HOLODYNSKI, Hrsg. *Emotionale Entwicklung: Funktion, Regulation und soziokultureller Kontext von Emotionen.* Heidelberg: Spektrum Akademischer Verlag, 29-51.

HOLODYNSKI, Manfred, 2006. *Emotionen - Entwicklung und Regulation.* Heidelberg: Springer Medizin Verlag.

JERUSALEM, Matthias und Johannes KLEIN-HEßLING, 2002. Soziale

Kompetenz: Entwicklungstrends und Förderung in der Schule. *Zeitschrift für Psychologie.* Hogrefe: Göttingen. **210**(4), 164-174.

KANNING, Uwe Peter, 2002. Soziale Kompetenz - Definition, Strukturen und Prozesse. *Zeitschrift für Psychologie.* Hogrefe: Göttingen. **210**(4), 154-163.

KANNING, Uwe Peter, 2003. *Diagnostik sozialer Kompetenzen.* Göttingen: Hogrefe.

KASTEN, Hartmut, 2008. *Soziale Kompetenz: Entwicklungspsychologische Grund- lagen und frühpädagogische Konsequenzen.* 1. Auflage. Berlin, Düsseldorf, Mannheim: Cornelsen Scriptor.

KAZEMI-VEISARI, Erika, 1998. *Partizipation - hier entscheiden Kinder mit.* Freiburg im Breisgau: Herder.

KLINKHAMMER, Julie und Maria von SALISCH, 2015. *Emotionale Kompetenz bei Kindern und Jugendlichen: Entwicklung und Folgen.* 1. Auflage. Stuttgart: Kohlhammer.

KM, MINISTERIUM FÜR KULTUS, JUGEND UND SPORT BADEN-WÜRTTEMBERG, 2011. *Orientierungsplan für Bildung und Erziehung in baden-württembergischen Kindergärten und weiteren Kindertageseinrichtungen: Fassung vom 15. März 2011.* Freiburg, Basel, Wien: Herder.

KOLIP, Petra, Hans WYDLER und Thomas ABEL, 2006. Gesundheit: Salutogenese und Kohärenzgefühl. Einleitung und Überblick. In: Hans WYDLER, Petra KOLIP und Thomas ABEL, Hrsg. *Salutogenese und Kohärenzgefühl: Grundlagen, Empirie und Praxis eines gesundheitswissenschaftlichen Konzepts.* 3. Auflage. Weinheim: Juventa, 11-20.

KORCZAK, Janusz und Maria FURTWÄNGLER, 2006. *Mit Janusz Korczak die Kinderwelt verstehen.* Originalausgabe. Freiburg im Breisgau: Herder.

LAEWEN, Hans-Joachim, 2002a. Bildung und Erziehung in Kindertageseinrichtungen. In: Hans-Joachim LAEWEN und Beate ANDRES, Hrsg. *Bil-*

*dung und Erziehung in der frühen Kindheit: Bausteine zum Bildungsauftrag von Kindertageseinrichtungen.* 2. Auflage. Weinheim: Beltz, 16-102.

LAEWEN, Hans-Joachim, 2002b. Das „konstruierende Kind“ und der Situationsansatz. In: Hans-Joachim LAEWEN und Beate ANDRES, Hrsg. *Bildung und Erziehung in der frühen Kindheit: Bausteine zum Bildungsauftrag von Kindertageseinrichtungen.* 2. Auflage. Weinheim: Beltz, 208-243.

LENZ, Albert, 2006. Psychologische Dimensionen der Partizipation: Überlegungen zu einer theoretischen Fundierung eines Handlungs- und Organisationsprinzips. In: Mike SECKINGER, Hrsg. *Partizipation - Ein zentrales Paradigma: Analysen und Be- richte aus psychosozialen und medizinischen Handlungsfeldern.* Tübingen: dgvt, 13- 34.

MAYER, Heidrun, Petra HEIM und Herbert SCHEITHAUER, 2007. *Papilio - Kinder brauchen Flügel: Ein Programm für Kindergärten zur Primärprävention von Verhaltensproblemen und zur Förderung sozial-emotionaler Kompetenz. Ein Beitrag zur Sucht- und Gewaltprävention.* Augsburg: beta Institutsverlag.

MONTADA, Leo, 1998. Die geistige Entwicklung aus der Sicht Jean Piagets. In: Rolf OERTER und Leo MONTADA, Hrsg. *Entwicklungspsychologie: Ein Lehrbuch.* 4. korrigierte Auflage. Weinheim: Beltz, 518-560.

OERTER, Rolf, 2008. Kindheit. In: Rolf OERTER und Leo MONTADA, Hrsg. *Entwicklungspsychologie.* 6., vollständig überarbeitete Auflage. Weinheim, Basel: Beltz, 225-270.

PAPOUŠEK, Hanus und Mechthild PAPOUŠEK, 1999. Symbolbildung, Emotionsregulation und soziale Interaktion. In: Wolfgang FRIEDLMEIER und Manfred HOLO- DYNSKI, Hrsg. *Emotionale Entwicklung: Funktion, Regulation und soziokultureller Kontext von Emotionen.* Heidelberg: Spektrum Akademischer Verlag, 135-155.

PERREN, Sonja, Maureen GROEBEN, Stephanie STADELMANN und Kai von KLITZING, 2008. Selbst- und fremdbezogene soziale Kompetenzen: Auswirkungen auf das emotionale Befinden. In: Tina MALTI und

Sonja PERREN, Hrsg. *Soziale Kompetenz bei Kindern und Jugendlichen: Entwicklungsprozesse und Förderungsmöglichkeiten.* 1. Auflage. Stuttgart: Kohlhammer, 89-107.

PETERMANN, Franz, 2002. Klinische Kinderpsychologie: Das Konzept der sozialen Kompetenz. *Zeitschrift für Psychologie.* Hogrefe: Göttingen. **210**(4), 175-185.

PETERMANN, Franz und Silvia WIEDEBUSCH, 2003. *Emotionale Kompetenz bei Kindern.* Göttingen: Hogrefe.

PETERMANN, Franz und Silvia WIEDEBUSCH, 2008. *Emotionale Kompetenz bei Kindern.* 2., überarbeitete und erweiterte Auflage. Göttingen: Hogrefe.

PETERMANN, Franz, Kay NIEBANK und Herbert SCHEITHAUER, 2004. *Entwicklungswissenschaft: Entwicklungspsychologie - Genetik - Neuropsychologie.* Berlin: Springer.

PFEFFER, Simone, 2012. *Sozial-emotionale Entwicklung fördern: Wie Kinder in Gemeinschaft stark werden.* Freiburg im Breisgau: Herder.

REGNER, Michael und Franziska SCHUBERT-SUFFRIAN, 2011. *Partizipation in der Kita: Projekte mit Kindern gestalten.* Freiburg im Breisgau: Herder.

ROHLFS, Carsten, Marius HARRING und Christian PALENTIEN, 2014. Bildung, Kompetenz, Kompetenz-Bildung. In: Carsten ROHLFS, Marius HARRING und Christian PALENTIEN, Hrsg. *Kompetenz-Bildung: Soziale, emotionale und kommunikative Kompetenzen von Kindern und Jugendlichen.* 2., überarbeitete und aktualisierte Auflage. Wiesbaden: Springer, 11-19.

ROTH, Heinrich, 1971. *Pädagogische Anthropologie: Band 2.* 1. Auflage. Hannover: Hermann Schroedel.

SAARNI, Carolyn, 2002. Die Entwicklung von emotionaler Kompetenz in Beziehungen. In: Maria von SALISCH, Hrsg. *Emotionale Kompetenz ent-*

*wickeln: Grundlagen in Kindheit und Jugend.* 1. Auflage. Stuttgart: Kohlhammer, 3-30.SALISCH, Maria von, 2002. Emotionale Kompetenz entwickeln: Hintergründe, Modellvergleich und Bedeutung für Entwicklung und Erziehung. In: Maria von SA- LISCH, Hrsg. *Emotionale Kompetenz entwickeln: Grundlagen in Kindheit und Jugend.* 1. Auflage. Stuttgart: Kohlhammer, 31-49.

SCHÄFER, Gerd E., 2003. Was ist frühkindliche Bildung? In: Gerd E. SCHÄFER, Hrsg. *Bildung beginnt mit der Geburt: Förderung von Bildungsprozessen in den ersten sechs Lebensjahren.* 1. Auflage. Weinheim: Beltz, 10-42.

SCHELL, Annika, 2011. *Förderung emotionaler und sozialer Kompetenzen bei Kindern im Vorschulalter: „Lubo aus dem All!“ Entwicklung, Implementierung und Evaluation eines Trainingsprogramms zur Prävention von Gefühls- und Verhaltensstörungen.* Bad Heilbrunn: Klinkhardt.

SCHEU, Bringfriede und Otger AUTRATA, 2013. *Partizipation und Soziale Arbeit: Einflussnahme auf das subjektive Ganze.* Heidelberg: Springer.

SCHLÜTER, Marnie, 2010. Kompetenz. In: Stefan JORDAN und Marnie SCHLÜTER, Hrsg. *Lexikon Pädagogik: Hundert Grundbegriffe.* Stuttgart: Philipp Reclam, 161-164.

SCHRÖDER, Richard, Hrsg., 1995. *Kinder reden mit!: Beteiligung an Politik, Stadt- planung und Stadtgestaltung.* Weinheim: Beltz.

SCHUBERT, Klaus und Martina KLEIN, 2016. *Das Politiklexikon: Begriffe, Fakten, Zusammenhänge.* 6., aktualisierte und erweiterte Auflage. Bonn: bpb.

SIEGLER, Robert, Judy DELOACHE und Nancy EISENBERG, 2008. *Entwicklungspsychologie im Kindes- und Jugendalter.* Heidelberg: Spektrum Akademischer Verlag.

SIMONI, Heidi, Judith HERREN, Silvana KAPPELER und Batya LICHT, 2008. Frühe soziale Kompetenz unter Kindern. In: Tina MALTI und Sonja PERREN, Hrsg. *Soziale Kompetenz bei Kindern und Jugendlichen: Entwicklungsprozesse und Förderungsmöglichkeiten.* 1. Auflage. Stuttgart: Kohlhammer, 15-34.

STAMER-BRANDT, Petra, 2014. *Partizipation von Kindern in der Kindertagesstätte: Praktische Tipps zur Umsetzung im Alltag.* 2. Auflage. Kronach: Carl Link.

STATISTISCHES BUNDESAMT, 2016. *Statistiken der Kinder- und Jugendhilfe: Kin- der und tätige Personen in Tageseinrichtungen und in öffentlich geförderter Kinder- tagespflege am 01.03.2016* [Online-Quelle] [Zugriff am 05.05.2017]. Verfügbar unter: https://www.destatis.de/DE/Publikationen/Thematisch/Soziales/KinderJugend- hilfe/Tageseinr Kindertagespflege5225402167004.pdf;jsessionid=01FB4D48324740B36E6F0FD0DC23FF78.cae4?__blob=publicationFile

STURZBECHER, Dietmar und Heidrun GROßMANN, 2007. Die Erzieherin-Kind-Beziehung aus der Sicht des Kindes im Vergleich zur Eltern-Kind-Beziehung. In: Fabienne BECKER-STOLL und Martin R. TEXTOR, Hrsg. *Die Erzieherin-Kind-Beziehung: Zentrum von Bildung und Erziehung.* 1. Auflage. Berlin: Cornelsen Scriptor, 42-56.

STURZBECHER, Dietmar und Markus HESS, 2005. Partizipation im Kindesalter. In: Benno HAFENEGER, Mechtild M. JANSEN und Torsten NIEBLING, Hrsg. *Kinder- und Jugendpartizipation: Im Spannungsfeld von Interessen und Akteuren.* Opladen: Budrich, 41-62.

TEXTOR, Martin R., 2007. Bildung in der Erzieherin-Kind-Beziehung. In: Fabienne BECKER-STOLL und Martin R. TEXTOR, Hrsg. *Die Erzieherin-Kind-Beziehung: Zentrum von Bildung und Erziehung.* 1. Auflage. Berlin: Cornelsen Scriptor, 74-96.

TIETZE, Wolfgang und Susanne VIERNICKEL, 2003. *Pädagogische Qualität in Tageseinrichtungen für Kinder: Ein nationaler Kriterienkatalog.* 2., unveränderte Auflage. Weinheim, Berlin, Basel: Beltz.

TREPTOW, Rainer, 2014. Kompetenz - Das große Versprechen. In: Stefan FAAS, Petra BAUER und Rainer TREPTOW, Hrsg. *Kompetenz, Performanz, soziale Teil- habe: Sozialpädagogische Perspektiven auf ein bildungstheoretisches Konstrukt.* Wiesbaden: Springer, 21-39.

VÖLKEL, Petra, 2002. Kindliche Entwicklung als konstruktivistische Perspektive. In: Hans-Joachim LAEWEN und Beate ANDRES, Hrsg. *Bildung und Erziehung in der frühen Kindheit: Bausteine zum Bildungsauftrag von Kindertageseinrichtungen.* 2.
Auflage. Weinheim: Beltz, 103-158.

WEINERT, Franz E., 2001. Vergleichende Leistungsmessungen in Schulen - eine umstrittene Selbstverständlichkeit. In: Franz E. WEINERT, Hrsg. *Leistungsmessungen in Schulen.* Druck nach Typoskript. Weinheim: Beltz, 17-31.

WOLFF, Mechthild, 2016. Partizipation. In: Wolfgang SCHRÖER, Norbert STRUCK und Mechthild WOLFF, Hrsg. *Handbuch Kinder- und Jugendhilfe.* 2., überarbeitete Auflage. Weinheim und Basel: Beltz, 1050-1066.

WYGOTSKI, Lew, 1987. *Arbeiten zur psychischen Entwicklung der Persönlichkeit.* Köln: Pahl-Rugenstein.

# Anhang

## Anhang 1: Beschreibung des Stufenmodells der kognitiven Entwicklung nach Piaget

**Tabelle 4.1.** Piagets vier Stadien der kognitiven Entwicklung

| Alter[a] | Stadium | Beschreibung |
|---|---|---|
| Geburt – ca. 2. Lebensjahr | sensumotorisch | Hauptmerkmale dieses Stadiums sind die Koordination sensorischer Wahrnehmung und einfachen motorischen Verhaltens. Der Säugling lernt die Welt durch seine eigenen Handlungen kennen. Er begreift, dass es eine äußere Welt mit gewissen Gesetzmäßigkeiten gibt, und beginnt, mit dieser gezielt zu interagieren. Das Stadium endet mit dem Beginn des Denkens und dem Einsetzen der Sprache. |
| Ca. 2.–7. Lebensjahr | präoperational | Die Kinder verstehen, dass Symbole die Realität repräsentieren können und benutzen Vorstellungsbilder, Worte und Gesten. Gegenstände und Ereignisse müssen nicht länger tatsächlich vorhanden oder wahr sein, um über sie nachdenken zu können. Ihr Egozentrismus macht es den Kindern noch schwer, den Blickwinkel anderer einzunehmen. Sie lassen sich leicht vom äußeren Anschein täuschen und irren sich häufig in Hinblick auf Ursachenbeziehungen. |
| Ca. 7.–11. Lebensjahr | konkret-operational | Das Grundschulkind kann bereits logisch über **konkrete** Probleme im „Hier und Jetzt" nachdenken. Es ist fähig, im Geiste zu kombinieren, zu trennen oder zu ordnen. Kinder in diesem Stadium führen mentale Operationen mit konkreten, greifbaren Gegenständen durch, jedoch noch nicht mit abstrakten Aussagen. |
| Ca. 11. Lebensjahr und älter | formal-operational | In diesem Stadium wird die Fähigkeit erworben, über alle logischen Beziehungen eines Problems systematisch nachzudenken. Die Jugendlichen zeigen Interesse an abstrakten Idealen und können über komplexe hypothetische Probleme, wie sie besonders im Rahmen wissenschaftlichen Denkens auftreten, nachdenken. |

[a] Die Altersgrenzen stellen nur Annäherungen dar, sie sind fließend und können individuellen Abweichungen sowie den unterschiedlichen Bedingungen der sozialen Umgebung unterworfen sein.

Aus: PETERMANN, Franz, Kay NIEBANK und Herbert SCHEITHAUER, 2004. *Entwicklungswissenschaft: Entwicklungspsychologie - Genetik - Neuropsychologie.* Berlin: Springer, 124.

Die Graphik zeigt das von dem Schweizer Pädagogen Jean Piaget entwickelte Stufenmodell der kognitiven Entwicklung. Piaget differenziert die Entwicklung des Denkens, in denen das Kind stetig wachsende und komplexere Erkenntnisse seiner Umwelt erwirbt in vier Hauptstufen: Das sensomotorische Stadium (Geburt bis ca. 2. Lebensjahr), das voroperationale Denken (ca. 2.-7. Lebensjahr), die konkreten Operationen (ca. 7.-11. Lebensjahr) und das Stadium der formalen Operationen (ca. ab dem

11. Lebensjahr) (Petermann, Niebank und Scheithauer 2004: 124, Völkel 2002: 104). Während das Denken zu Beginn dieses Entwicklungsverlaufs noch egozentrisch, konkret und handlungsnah ist,

wird es im Verlauf der vier Stadien immer abstrakter, theoretischer und auch mehrperspektivisch, sodass das Kind mehr und mehr in der Lage ist, neben seiner eigenen Sicht auch die seiner Umwelt wahrzunehmen und in eigene Denk- und Entscheidungsprozesse einzubeziehen (Völkel 2002: 104). Dabei gleicht das Kind das Ungleichgewicht zwischen bereits vorhandenen kognitiven Strukturen und den Umweltreizen durch Anpassungsaktivitäten aus (Äquilibration, bedeutet *Finden des Gleichgewichts*) (Petermann, Niebank und Scheithauer 2004: 122). Für diese Anpassung stehen dem Kind zwei Möglichkeiten zur Verfügung. Zum einen kann das Kind seine eigenen Lernstrukturen verändern und sich somit an seine Um- welt anpassen (Akkommodation) und zum anderen können sich Umweltgegebenheiten den Möglichkeiten des Kindes anpassen (Assimilation) (Petermann, Niebank und Scheithauer 2004: 122). In Koppelung und Wechselwirkung von Akkommodation-Assimilations-Prozessen gelingt dem Kind folglich eine immer bessere Anpassung an seine Umwelt (Völkel 2002: 105).

## Anhang 2: Beschreibung der Zone der nächsten Entwicklung nach Lew Wygotski

Der sowjetische Psychologe Lew Wygotski definiert die Zone der nächsten Entwicklung als das „Gebiet der noch nicht ausgereiften, jedoch reifenden Prozesse [...] des Kindes“ (Wygotski 1987: 83). Mit diesem Ansatz fordert er Erwachsene/pädagogische Fachkräfte dazu auf, nicht nur aktuelle und schon ausgereifte Entwicklungsschritte, Fähig- und Fertigkeiten des Kindes zu beobachten und zu ermitteln, sondern herauszufinden, welche Schritte nun anstehen (ebd.: 83). Wygotskis Ansicht nach lassen Erwachsene dadurch viele Gelegenheiten aus, das Kind individuell zu unterstützen (ebd.: 83). Er ist der Meinung, dass das Kind mit (mehr oder weniger) Unterstützung einer erwachsenen Person oder eines kompetenteren Kindes anstehende Aufgaben gut und schneller bewältigen kann (ebd.: 83). Wygotski schreibt: „Was das Kind heute in Zusammenarbeit und unter Anleitung vollbringt, wird es morgen selbstständig aus- führen können. Und das bedeutet: Indem wir die Möglichkeiten eines Kindes in der Zusammenarbeit ermitteln, bestimmen wir das Gebiet der reifenden geistigen Funktionen, die im allernächsten Entwicklungsstadium sicherlich Früchte tragen und folglich zum realen geistigen Entwicklungsniveau des Kindes werden. Wenn wir also unter- suchen, wozu das Kind selbständig fähig ist, untersuchen wir den gestrigen Tag. Erkunden wir jedoch, was das Kind in Zusammenarbeit zu leisten vermag, dann ermitteln wir damit seine morgige Entwicklung" (ebd.: 83). In dieser Ko-Konstruktion macht sich das Kind erworbene Kenntnisse und Fähigkeiten zu Eigen. Erwachsene können dabei häufig feststellen, dass Kinder in ihrer Entwicklung weiter sind als angenommen.

Printed by Books on Demand GmbH, Norderstedt / Germany